GEO SAISON

AUSTRALIEN

Metropole am Wasser

Die Vogelperspektive macht deutlich, warum Australiens heimliche Hauptstadt **Sydney** als eine der lebenswertesten Metropolen der Welt gilt: Ihre traumhafte Lage an verästelten Buchten und grünen Hügeln ist nur schwer zu toppen.

Im Beutel aufgewachsen

Denkt man an Australien, kommen einem **Kängurus** in den Sinn. Die Beuteltiere haben eine einzigartige Variationvielfalt entwickelt, vom 2,5 Meter hohen Roten Riesenkänguru bis zum 25 Zentimeter kleinen Moschusrattenkänguru.

Ein Stück Endlosigkeit

Der **Stuart Highway**, der sich in Nord-Süd-Richtung einmal quer durch Australien zieht, scheint aus dem Nichts zu kommen und wieder im Nichts zu verschwinden. Hier fahren vor allem die *road trains*: Lastwagen mit mehreren Anhängern oder Sattelaufliegern – bis zu 53 Meter lang.

Bizarres in Stein
Wie Stalagmiten wachsen im **Nambung National Park** Tausende von bis zu über vier Meter hohe Kalksteinsäulen aus dem nahezu vegetationslosen Sandboden. Man nennt sie *pinnacles* (»Zinnen«).

Surfer-Paradies

Nomen est omen: Kaum eine Stadt wird ihrem Namen so gerecht wie **Surfers Paradise** an der Gold Coast im Westen Australiens, wo sich vor einer imposanten Hochhauskulisse einer der legendärsten Surfstrände der Welt gleich auf mehreren Kilometern entlangzieht.

Einfach abtauchen

Wer in leuchtende Augen blicken will, muss nur einem passionierten Taucher erzählen, er plane einen Urlaub am **Great Barrier Reef.** Das Korallenriff ist eines der spektakulärsten Unterwasserziele weltweit und wird zuweilen als eines der sieben Weltwunder der Natur bezeichnet.

Gegensätze

Die **Pilbara-Hochebene** ist zwar knochentrocken, aber in den dortigen Schluchten gibt es auch während längerer Trockenperioden Grundwasserteiche und plätschernde Wasserfälle.

Inhaltsverzeichnis

Ein Land zwischen Urbanität und Urnatur — 19

Der Südosten — 21

✴ *Die Architektur-Ikone — Sydneys Opera House* — 23

Der Osten — 63

✴ *James Cooks Entdeckung — Great Barrier Reef* — 79

Das Zentrum — 95

✴ *Der heilige Berg der Aborigines — Der Uluru* — 101

Das Top End — 117

✴ *Die letzten Spuren — Felsmalereien* — 123

Der Westen — 137

✴ *Die Wüste lebt — Faszination Tierwelt* — 149

Tasmanien — 157

Australien auf einen Blick — 171
Daten und Fakten — 181
Register — 182
Impressum — 184
Abbildungsnachweis — 184

Ein Land zwischen Urbanität und Urnatur

Ein uralter Kontinent, 50 000 Jahre lang von wenigen Ureinwohnern bevölkert, später das sagenumwobene »Land im Süden« und britische Strafkolonie, dann Sehnsuchtsziel für Emigranten und Aussteiger und schließlich eine bedeutende Industrienation – Australien ist ebenso archaisch und unzugänglich wie jung und aufstrebend. Jahrtausendealte kulturelle Traditionen der Aborigines prallen übergangslos auf eine kosmopolitische, urbane Gesellschaft und die sozialen Strukturen eines modernen, vor allem britisch-amerikanisch geprägten Einwanderungslandes, in dem Menschen aus aller Welt für schillernde Facetten sorgen. Mit Fug und Recht darf man Australien ein fremdartiges Land nennen. Aber auch ein Land der Superlative und Extreme. Auf dem Kontinent von der Größe der USA leben rund 21 Millionen Menschen, gerade mal so viele wie in Mexico City. Dafür ist die Vielfalt der Landschafts- und Klimazonen atemberaubend groß – und von Extremen geprägt. Das größte Korallenriff der Erde, das Great Barrier Reef, Urwälder im tropischen Nordosten, die endlosen Weiten des Outback mit seinen Savannenebenen und sonnenverglühten Halbwüsten – die Natur kennt in Australien kein Mittelmaß. Genau das macht die Faszination dieses Landes, nein dieses Kontinents aus. Abenteuer und Wildnis, Zivilisation und Kultur liegen dicht beieinander und laden zum Staunen ein.

◀ Jeder der 36 in eine weite Ebene gebetteten Hügel des **Kata-Tjuta-Gebirges** mitten im Zentrum Australiens symbolisiert ein Schöpferwesen aus der Traumzeit.

Sydney *Der Südosten*

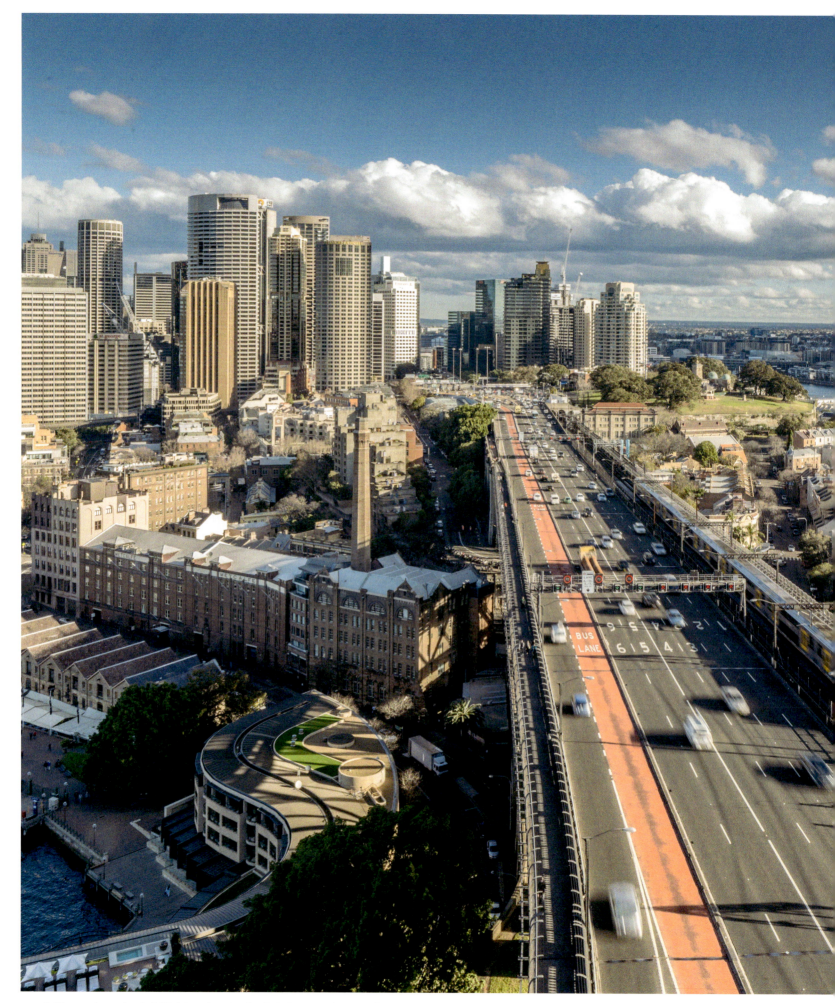

▲ Nur wenig mehr als 200 Jahre dauerte der Aufstieg von einer Sträflingskolonie, in die England einst die Insassen seiner überquellenden Gefängnisse deportierte, zu einer der vitalsten Metropolen der Erde: **Sydney.**

Der Südosten

Der Südosten Australiens präsentiert sich als eine Mischung aus urbaner Zivilisation mit allen Annehmlichkeiten und einer abwechslungsreichen Landschaft mit phantastischen Naturschönheiten. Es ist eine Region der Kontraste mit Regenwäldern und Savannen, Bergen und Seen, Wüsten und Küsten, sozusagen der Spannungsbogen zwischen klimatisiertem Büroturm und Blockhütte, zwischen Wein und Wildnis, zwischen Stadtkultur und Urnatur. Und Bergketten wie die Blue Mountains im Hinterland von Sydney geben einen Vorgeschmack auf die Snowy Mountains und die Victorian Alps mit den höchsten Gipfeln des Kontinents. An europäische Maßstäbe für Entfernung und Weite gewöhnte Besucher erleben das, was Einheimische die »Tyrannei der Entfernung« nennen. So beträgt die kürzeste Entfernung zwischen Sydney und Melbourne nicht weniger als 870 Kilometer.

▲ Vor allem seine einzigartige Dachlandschaft aus weißen Keramikfliesen, die an zehn aufgeblähte Segel erinnert, macht das Sydney Opera House so unverwechselbar.

Die Architektur-Ikone
Sydneys Opera House

Der Londoner »Times« galt die monumentale Skulptur als Bauwerk des Jahrhunderts. Andere verglichen das Opernhaus mit einer Segelflottille oder mit Nonnenhauben. Schon der Bau des Kunstwerks machte Furore. Auftakt des Dramas moderner Baukunst war der 1954 ausgeschriebene Ideenwettbewerb, bei dem der Entwurf des dänischen Architekten Jørn Utzon ausgewählt wurde. Nach der Grundsteinlegung im März 1959 erwies sich die Umsetzung der kühnen Konstruktionspläne als unrealisierbar. Nach Querelen mit Stadtoberen warf Utzon verärgert das Handtuch, und australische Kollegen vollendeten das Werk. So verbittert war der Stararchitekt, dass er die Einladung zur Eröffnung am 20. Oktober 1973 ausschlug. Am Ende mussten die Australier tief in die Tasche greifen: Die Mehrkosten von 95 Millionen Dollar wurden auf typisch australische Weise beschafft: durch eine Opernhauslotterie.

▲ Auch wenn der Bau zunächst umstritten war, heute gehört die Oper sowohl zum UNESCO-Welterbe wie auch – aufgrund der Nationalität des Architekten – zum dänischen Kulturkanon.

▲ Die Monorail verbindet Sydneys Zentrum mit **Darling Harbour,** einer schillernden Flanier- und Ausgehmeile mit einem reichen Kultur- und Freizeitangebot. Ein guter Stopp am Weg: das Powerhouse Museum.

▲ Das der Naturwissenschaft und Technologie gewidmete **Powerhouse Museum** in Sydney ist ein Abenteuerspielplatz für alle Lernlustigen, die Forschung als *fun* und Hochtechnologie zum Ausprobieren erleben möchten.

Darling Harbour *Der Südosten*

Wie auf dem Präsentierteller zeigt sich das **Sydney Opera House** am Bennelong Point, einer in den Hafen ragenden Landzunge, und begrüßt die per Kreuzfahrtschiff oder Auto ankommenden Besucher.

Der Südosten **Harbour Bridge**

Bevor das Opera House zum Wahrzeichen der Stadt wurde, hatte die 1932 errichtete, 503 Meter lange **Harbour Bridge** – von den Sydneysiders schlicht »Kleiderbügel« genannt – diese Funktion inne.

▲ Beim **Australian National Maritime Museum** am Darling Harbour liegt eine originalgetreue Replik des Segelschiffs »Endeavour« vor Anker, mit der einst James Cook 1770 seine erste Entdeckungsreise unternahm.

▲ **Bondi Beach**, ein perfekter Surfspot, ist nur eine Viertelstunde von Sydneys Innenstadt entfernt. Kein Wunder, dass sich hier ganzjährig Surffans und Zuschauer tummeln.

Blue Mountains *Der Südosten*

▲ Keine 100 km westlich von Sydney ragen aus der Küstenebene die **Blue Mountains** auf, ein bis zu 1200 Meter hohes, zerklüftetes Plateau. Besonders eindrucksvoll ist eine Klippenwanderung zu den Wentworth Falls.

Der Südosten **Three Sisters** 37

▲ Spektakuläre Blicke auf die fotogene Felsenformation **Three Sisters** bieten sich vom Echo Point der Blue Mountains. Einer Legende der Aborigines nach sind die Felsnadeln verzauberte Schwestern.

▲ Das Stadtbild der Hauptstadt **Canberra** ist das Produkt eines Architektenwettbewerbs von 1911. Mit ihrem Grundriss aus Dreiecken und konzentrischen Kreisen gilt sie heute als die gelungenste Retortenstadt der Welt.

New Parliament House *Der Südosten*

▲ Mit Kosten von 1,1 Milliarden Australischer Dollar ist das 1988 aus Marmor und edlen Hölzern errichtete **New Parliament House** in Canberra das teuerste je in Australien gebaute Gebäude.

Der Südosten **Australian War Memorial** 41

▲ Für das Britische Mutterland starben bereits über 100 000 australische Soldaten. Auf einer »Roll of Honour« im **Australian War Memorial** in Canberra sind ihre Namen nachzulesen.

Der Südosten **Snowy Mountains**

Atemberaubende Landschaften liegen zwischen Canberra und Melbourne. In den **Snowy Mountains** erhebt sich der höchste Gipfel des australischen Kontinents (2228 m) mit Gletscherseen, Schneefeldern und einer einzigartigen Flora und Fauna – geschützt durch den Kosciusko National Park.

44 **Melbourne** *Der Südosten*

▲ 1835 als Blockhaussiedlung gegründet, erlebte **Melbourne** nach Goldfunden im Hinterland einen kometenhaften Aufstieg. In nur zehn Jahren wurde »Marvellous Melbourne« zur wohlhabendsten Stadt des Kontinents.

Der Südosten **Federation Square**

Kühner Kulturkomplex: Auf dem **Federation Square** bilden die Fassaden ein spektakuläres Puzzle von Dreiecken. Hinter der avantgardistischen Architektur verbergen sich Museen, Galerien, Theater und Kinos.

▲ Einer der markantesten modernen Bauten ist das mehrstöckige Einkaufszentrum **Melbourne Central**. Mit einbezogen wurde der historische Shot Tower, den eine riesige Glaskuppel überspannt.

Der Südosten **Carlton/Fitzroy**

▲ Seit italienische Einwanderer die ersten Espressomaschinen des fünften Kontinents in Betrieb nahmen, kann man den kleinen Schwarzen auch in den Cafés der Lygon Street in **Carlton** genießen.

▲ Zu Melbournes Szenetreff hat sich die Brunswick Street im Vorort **Fitzroy** entwickelt. Dort trifft man sich in Restaurants aller Preisklassen, in urigen Kneipen und in Künstlercafés.

Der Südosten **Webb Bridge** 51

Am Südufer des Yarra River zeigt Melbourne sein modernes Gesicht. Nach Southbank gelangt man von den Docklands über die **Webb Bridge.** Vor allem Fußgänger und Radfahrer nutzen die Brücke, die an ihrem südlichen Ende in Form eines Aboriginal-Fischernetzes überdacht ist.

52 Ballarat *Der Südosten*

▲ Australien wird zum wilden Westen, wenn in **Ballarat**, rund 100 Kilometer östlich von Melbourne gelegen, Schauspieler in historischen Kostümen die goldenen Jahre des Goldrauschs lebendig halten.

▲ Ballarats **Sovereign Hill** war zwischen 1851 und 1861 das Tor zu den Goldfeldern in Victoria. Heutige Touristenattraktionen sind Pferdekutschfahrten, Goldwaschen und Banjo-Spieler.

▲ Eine der schönsten Panoramastraßen der Welt: 243 Kilometer lang windet sich die Great Ocean Road die Küste entlang. Ein Höhepunkt: die Felsnadeln der **Twelve Apostles,** die vor der Steilküste aus dem Meer ragen.

▲ Von Sonne und besten Böden verwöhnt reifen im **Barossa Valley** nördlich von Adelaide die berühmtesten Weine Australiens. Angebaut wird vor allem die Shiraz-Traube, die einen schweren, tiefdunklen Wein mit beerigem Aroma hervorbringt.

▲ **Adelaide** entwickelte sich in den letzten Jahren zu einer Genuss- und Kulturmetropole, die internationale Anerkennung genießt. Das National Wine Centre of Australia stellt sich wie ein übergroßes Weinfass zur Schau.

▲ Das knapp 120 km Luftlinie südwestlich von Adelaide gelegene **Kangaroo Island** ist ein Naturparadies, das mit einem vielfältigen Landschaftsspektrum überrascht. Über 30 Prozent der Wildnis wurden zum Nationalpark erklärt.

Remarkable Rocks *Der Südosten*

▲ Tatsächlich bemerkenswert: Die **Remarkable Rocks** am Cape du Couedic auf Kangaroo Island erscheinen wie riesige Skulpturen, die sich als Sockel eine 75 Meter aus der Felsküste ragende Granitkuppel gewählt haben.

Der Südosten **Kangaroo Island**

▲ Aufgrund ihrer isolierten Lage ist **Kangaroo Island** ein Tier-Eldorado ohne fremde Einflüsse. Auch die namensgebenden Kängurus samt der kleineren endemischen Tamar-Wallabies fühlen sich hier wie im Paradies.

▲ In der von Klippen geschützten **Seal Bay** lebt eine der größten Kolonien Australischer Seelöwen, die so wenig Scheu haben, dass man sich ihnen unter Aufsicht der Ranger so dicht wie nirgendwo anders nähern kann.

Great Barrier Reef *Der Osten*

▲ Eine herzförmige Laune der Natur im azurblauen Wasser des **Great Barrier Reef.** Vor allem von Frischverliebten wird gern ein romantischer Helikopterflug über die berühmte Korallenformation »Heart Reef« gebucht.

Der Osten

Mit dem Beinamen Sunshine State schmückt sich Queensland, das einen Großteil der Ostküste einnimmt. Hier addieren sich die jährlichen Sonnenscheinstunden zu Zahlen, die für mitteleuropäische Verhältnisse utopisch wirken und die selbst im sonnenverwöhnten Australien rekordverdächtig sind. Kein Wunder, dass hier das Freizeit- und Wochenendbewusstsein sehr ausgeprägt ist und sich der Bundesstaat zur beliebtesten Ferienregion Australiens entwickelt hat. Dort verbringen Pensionäre aus den kühlen Südstaaten ihren Lebensabend, dorthin zieht es Backpacker, Surfer und Wellness-Urlauber. Für viele von ihnen wird an Queenslands goldgelben Stränden oder auf den vorgelagerten Inseln des Great Barrier Reef der Traum vom Tropenparadies Realität.

Cape Tribulation *Der Osten*

Die Mangroven am **Cape Tribulation** sind wahre Überlebenskünstler, denn ihre ausladenden Wurzeln können Salzwasser filtern. Überschüssiges Salz wird über die Blätter, über spezielle Salzdrüsen oder über Salzhaare wieder ausgeschieden.

Auf fast 900 000 Hektar erstreckt sich die »Wet Tropics World Heritage Area« von Townsville nach Cooktown. Geschützt wird damit auch die zerklüftete Wooroonooran-Gebirgsregion mit ihren uralten Baumriesen, Lianen, Farnen und Moosen sowie den 40 Meter breiten **Nandroya Falls.**

Daintree Rainforest *Der Osten*

▲ Der von Bächen durchzogene **Daintree Rainforest** grenzt unmittelbar an die Sandstrände, Traumbuchten und vorgelagerten Korallengärten von Cape Tribulation.

▲ Wer im Regenwald weitere Abenteuer sucht, bucht eine Wildwasser-Raftingtour über die rund 45 **Stromschnellen des Tully.** Gestartet wird in Cairns.

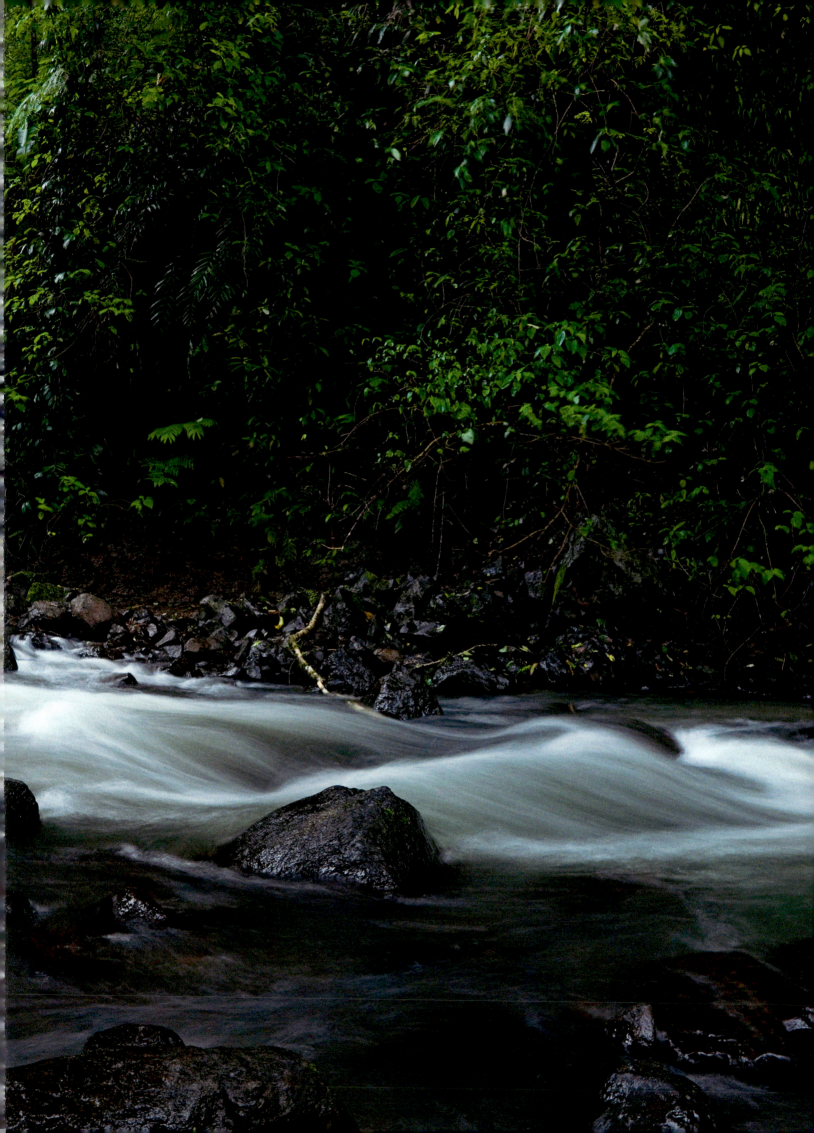

Der Osten **Korallenfinger-Laubfrosch** 71

Um seine ständig feuchte Hautoberfläche vor Krankheitserregen zu schützen, sondert der **Korallenfinger-Laubfrosch** ein keimabtötendes Sekret ab – das macht ihn besonders für die Pharmaindustrie interessant.

▲ Im grünen Universum des **Daintree Rainforest** sind über 3 000 Pflanzenarten beheimatet. An den Stämmen von Urwaldriesen siedeln Epiphyten – Pflanzen, die auf anderen wachsen, sich aber selbstständig ernähren.

▲ 48 Tage musste James Cook hier ausharren, bis seine leckgeschlagene »Endeavour« repariert war. Die später wegen eines spektakulären Goldfunds bekannt gewordene Stadt **Cooktown** erinnert durch ihren Namen an den Entdecker.

▲ Der historische Leuchtturm von **Grassy Hill** diente nicht nur zur Orientierung: Täglich um Punkt 12 Uhr ließ der Leuchtturmwärter einen Zeitball herabfallen, damit die Kapitäne ihre Chronometer justieren konnten.

▲ Elegant gleitet die bis zu 185 Kilogramm schwere Suppenschildkröte durch die märchenhafte Unterwasserwelt des **Great Barrier Reef.** Sechs der sieben bekannten Meeresschildkrötenarten nutzen das Riff zur Eiablage.

Great Barrier Reef

▲ Die meisten Bewohner des Great Barrier Reef sind harmlos, aber Haie und Mantarochen können für Schwimmer und Taucher gefährlich werden.

▲ Aus der atemberaubenden Vielfalt der Tropenfische ragen der Weißbinden-Korallen-Fisch oder auch der Papageifisch heraus.

James Cooks Entdeckung

Great Barrier Reef

Vor der Australischen Ostküste stieß Kapitän James Cook am 11. Juni 1770 im wahrsten Sinn des Wortes auf das Great Barrier Reef: Fast hätte das Leck in der »Endeavour« das Ende der Expedition bedeutet. Auch im weiteren Verlauf der Reise kam Cook der Riffkette immer wieder gefährlich nahe, über die er missmutig in seinem Logbuch notierte: »Wie eine Mauer ragt der Korallenfels aus den unergründlichen Tiefen des Ozeans empor.« Die Bezeichnung Great Barrier Reef ist eigentlich nicht ganz korrekt, denn das Riff bildet keine zusammenhängende Barriere, sondern besteht aus einer Kette von fast 3000 über eine Fläche von rund 350 000 km² verstreuten Einzelriffen. Abermilliarden winziger Meerespolypen, primitive wirbellose Tiere, die eng mit Seeanemonen und Quallen verwandt sind, erbauten und bewohnen die Korallengebilde. Meeresbiologen haben mehr als 350 Korallenarten gezählt.

▲ In der Korallensee um das Great Barrier Reef finden sich auch so kurios anmutende Kreaturen wie der Rundkopf-Geigenrochen *(Rhina ancylostoma)*.

Der Osten **Whitsunday Islands** 81

Die Schönheit der **Whitsunday Islands** vor der Küste von Queensland ist Legende. Weiße Sandstrände, die die Augen blenden, und einsame Lagunen, die zu einem Bad im Meer einladen – was braucht es mehr zum Paradies?

▲ Australien ist reich an exotischen Tier- und Pflanzenarten, darunter der Akeebaum, der unter anderem im **Cape Hillsborough National Park** an der Whitsunday Coast im sonnendurchfluteten Osten des Kontinents wächst.

▲ Mit Dünen von Saharaformat, einer abwechslungsreichen Küste, Regenwald und Frischwasserlagunen, in denen man herrlich baden kann, wartet die größte Sandinsel der Welt auf: **Fraser Island.**

Brisbane *Der Osten*

Brisbane – die entspannte Hauptstadt von Queensland. Es liegt auf der Hand, dass die Bewohner einer Stadt, wo an 300 Tagen im Jahr die Sonne scheint, wo das Meer vor der Haustür liegt und zum Schwimmen und Surfen lockt, entspannter und lässiger sind als anderswo.

▲ Lange lebte **Brisbane** ein Aschenbrödeldasein. Mittlerweile ist »Brissie«, das früher den wenig schmeichelhaften Ruf der provinziellsten Metropole Australiens hatte, mit Elan dabei, zu Sydney und Melbourne aufzuschließen.

▲ Architektonische Relikte der kleinen britischen Kolonialstadt, die Brisbane einst war, haben heute zwischen den Türmen der Geschäftswelt Puppenhauscharakter. Auch das Wahrzeichen der Stadt, die mit einem Uhrturm bekrönte **City Hall,** wirkt verloren.

Lone Pine Koala Sanctuary *Der Osten*

▲ Für Faultiere, Affen oder gar für Bären wurden sie gehalten, alles falsch: Die Koalas gehören wie die Kängurus zu den Beuteltieren. Per Ausflugsboot erreicht man das **Lone Pine Koala Sanctuary,** Australiens ältestes und größtes Koala-Gehege.

▶ In Brisbane wuchert es im Freizeitpark **South Bank Parklands.** Hier kann man auf einem Holzpfad einen Spaziergang durch einen überdachten subtropischen Miniaturregenwald machen.

Der Osten **South Bank Parklands**

▲ Früher gab es an der Gold Coast nur Fischerdörfer. Heute ist sie ein Mekka der Schönen und Schrillen, der Surfer und Sonnenanbeter mit himmelwärts stürmenden Apartmenttürmen in ihrem Zentrum: **Surfers Paradise**.

▲ Eines der Highlights in der Umgebung von Alice Springs ist der mit aussichtsreichen Wanderwegen erschlossene Gebirgszug der **MacDonnell Ranges,** zu erreichen über den gut ausgebauten Namatjirra Drive.

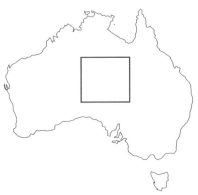

Das Zentrum

Das Rote Herz Australiens: Westlich der Great Dividing Range, des über 3000 Kilometer langen ostaustralischen Hochlands, erstreckt sich in tischebener Unendlichkeit das Outback mit roten Wüsten, verkrusteten Salzseen, steinübersätem Ödland und ausgedörrten Spinifex-Savannen, aus denen urplötzlich steile Inselberge herausragen. Einer davon ist der Uluru, einst von den englischen Kolonialherren Ayers Rock genannt.

In dem wilden, menschenabweisenden Hinterland, in dem man ein Gefühl von der Leere und Weite des fünften Kontinents erhält, hat die älteste Kultur der Menschheit überlebt, werden heute noch Traditionen der vor 50 000 Jahren eingewanderten Aborigines gepflegt.

▲ Eine Legende auf Schienen ist der **»Ghan«,** der zwischen Adelaide und Alice Springs das Rote Herz des Kontinents erschließt. Über 20 Stunden benötigt der Zug für die 1555 Kilometer lange Strecke.

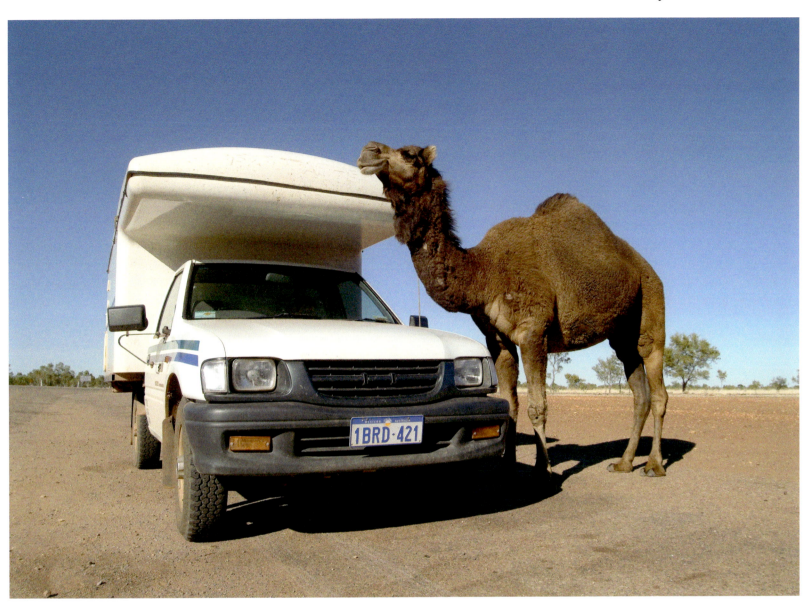

▲ In den 1840er-Jahren kamen **Kamele** als Lasttiere zur Erschließung des Landesinneren nach Australien und wurden später auch zum Transport des Baumaterials für den »Ghan« eingesetzt. Als Eisenbahn und Lastwagen ihre Dienste überflüssig machten, wilderte man sie aus.

▲ Archaische Welt: Kaum eine Wanderung im Roten Herzen, auf der man nicht zahlreichen Echsen begegnet, mit etwas Glück sogar einem bis zu zwei Meter großen **Riesenwaran,** der aus einer anderen Zeit zu stammen scheint.

Das Werk von Zyklopen? Es scheint so. Nach Meinung von Geologen sind die rostroten, teils riesigen Steinformationen namens **Devils Marbles** (Murmeln des Teufels) in erdgeschichtlicher Vergangenheit durch die Erosion eines Granitmassivs entstanden.

▲ Ganz gleich, ob man ihn zuerst vom Flugzeug oder vom Auto aus erblickt, der Uluru gehört zu den eindrucksvollsten Naturattraktionen des fünften Kontinents.

Der heilige Berg der Aborigines

Der Uluru

Einem Dinosaurierrücken gleich ragt der heilige Berg der Ureinwohner aus der flachen Steppenlandschaft: Je näher man ihm kommt, desto deutlicher werden seine riesigen Ausmaße: Er ist 3,5 Kilometer lang und 1,5 Kilometer breit, an – sichtbarer – Höhe erreicht er 348 Meter, denn ähnlich einem Eisberg zeigt der Uluru nur seine Spitze. Tatsächlich reicht der schätzungsweise 600 Millionen Jahre alte Sandsteinblock, zu dem er gehört, noch mindestens 2000 Meter tief in die Erde. Als erste Weiße erkundeten 1873 die Briten William Gosse und Ernest Giles die Gegend um den Uluru. Wegen der religiösen Bedeutung des Berges für die Anangu bestätigte die Bundesregierung in Canberra 1985 das Eigentumsrecht der Aborigines und gab ihnen in einer offiziellen Zeremonie ihren heiligen Monolithen zurück. Der Uluru-Kata Tjuta National Park, der neben dem Uluru (früher Ayers Rock) auch die Kata Tjuta (Olgas) umfasst, ist seit 1987 in der UNESCO-Welterbe-Liste aufgeführt.

▲ Die Anangu-Aborigines sehen es nicht gern, wenn ihr Heiligtum von ahnungslosen Touristen erstürmt wird. Es empfiehlt sich daher eine von Aborigines geführte Wanderung.

▲ Das **Kata-Tjuta-Gebirge** liegt 35 Kilometer westlich des Uluru. Der höchste dieser steinernen »Köpfe« (Kata Tjuta = viele Köpfe) ist rund 200 Meter höher als der berühmte Monolith.

Ein Abstecher zu dem gewaltigen Monolithen gehört zum Pflichtprogramm aller Australien-Besucher. Von der Bedeutung des Uluru und der nahe gelegenen Felskuppeln Kata Tjuta für die Aborigines wissen jedoch nur die wenigsten Reisenden.

Die mythische Urzeit, in der ihre Vorfahren der Nacht entstiegen, um die Welt zu gestalten, nennen die Aborigines *dreamtime*. Diese Traumzeit ist der Schlüssel zur reichen Vorstellungswelt der australischen Ureinwohner. Sie ist mehr als eine uraustralische Version der Schöpfungsgeschichte, sie ist nicht zeitgebunden und existiert auch noch in der Gegenwart als eine zweite Wirklichkeit. Nach dem Glauben der Ureinwohner sind alle Menschen als Abkömmlinge der mythischen Vorfahren eng mit ihnen und dem von ihnen geschaffenen Land verbunden. Da in den heiligen Stätten die Seelen der Vorväter weiterleben, hat jeder in der Nähe eines solchen Platzes Geborene eine enge rituelle Beziehung zu ihm, deren Zerstörung tödlich ist. Hier ist sein persönlicher Traumplatz, seine mythische Identität. Die Ruheplätze der Ahnen strahlen einen Teil der schöpferischen Energien der Traumzeitwesen aus und müssen von den Lebenden sorgsam bewacht und gepflegt werden.

Heilige Orte, wie etwa der Uluru, dürfen nicht verändert oder gar weggegeben und zerstört werden. Seit alters her gilt dieser als spirituelles Herz des gesamten Kontinents. Hier laufen nach Tjukurpa, der Mythologie und Gesetzgebung der Anangu-Aborigines, die Traumzeitpfade der Schöpferwesen zusammen, die nach der Erschaffung der Welt und des Lebens selbst in die Erde eingingen.

Der **Uluru** wechselt ständig seine Farbe. Die Palette reicht vom Karmesinrot beim ersten Morgenlicht über Gelb in der Mittagszeit bis zu Feuerrot bei Sonnenuntergang, das langsam in ein Purpur übergeht.

▲ Jahrmillionen trieben die Elemente ihr Spiel mit dem Gestein der Kata Tjuta. Für die Anangu-Aborigines ist jede Spalte, jede Höhle und jedes Tal das Werk eines Traumzeitwesens. So auch das **Valley of the Winds.**

Kings Canyon *Das Zentrum*

▲ Lange Zeit galt das Rote Herz als unbewohnbar für Europäer. Mitte des 19. Jahrhunderts wusste immer noch kein Weißer, wie es in Zentralaustralien aussah. Heute sind weite Teile – wie auch der **Kings Canyon** – Nationalparks.

Das Zentrum **Longitude 131**

Größer könnte der Kontrast nicht sein: Wenn die Schatten länger werden und die letzten Sonnenstrahlen in der Ferne den heiligen Uluru beleuchten, knallen im Luxusresort **Longitude 131** die Champagnerkorken.

Das Zentrum **Kata Tjuta**

▲ Nur in Zentralaustralien versteht man, wie es zu dem Namen »Roter Kontinent« kam, denn die Farbe vertieft sich hier zu einem sonnenverbrannten Rot. Verantwortlich dafür sind winzige Eisenpartikel in Sand und Fels, die sich zu Rost zersetzen.

114 **Coober Pedy** *Das Zentrum*

▲ Viele Einwohner von **Coober Pedy** arbeiten und leben in unterirdischen Schächten. Dies ist zum Teil der extremen Sommerhitze geschuldet, vor allem aber dem Arbeitsplatz, denn die meisten von ihnen sind Opalschürfer.

▲ In **Coober Pedy,** der selbst ernannten »Opal Capital of the World«, werden mehr als drei Viertel aller Schmuckopale der Welt gefördert. Begehrt sind sie vor allem aufgrund ihres schillernden Farbenspiels, dem Opalisieren.

▲ Eine Wüste aus Ocker, Gelb, Rot und Braun: Die lebhaften Gesteinsfarben des **Painted Desert** sind auf einen früher hier existierenden Binnensee zurückzuführen, auf dessen Boden sich farbige Mineralien abgelagert hatten.

▲ **Arnhem Land** an der Spitze des Northern Territory ist eines der wenigen Gebiete Australiens, die wegen ihrer spirituellen Bedeutung nur den Aborigines vorbehalten sind. Besucher benötigen eine spezielle Erlaubnis.

Das Top End

Der nördliche Abschnitt des Stuart Highway, auch Explorer's Way genannt, verbindet das trocken-heiße Rote Herz mit dem feucht-heißen Top End, dem von großen klimatischen Gegensätzen geprägten tropischen »oberen Ende« des Northern Territory. Mit Klima und Vegetation wechselt auch die Farbe. Während im Red Centre ein kräftiges Rotbraun vorherrscht, drängen sich, je weiter nördlich man kommt, üppige Grüntöne ins Bild. So steht der Kakadu National Park mit an der Spitze der Beliebtheitsskala australischer Nationalparks – wegen der tosenden Wasserfälle, der Felsbildgalerien der Aborigines und vor allem wegen der reichen Tierwelt. Der Stuart Highway endet in Australiens Tropenmetropole Darwin, einer jungen Stadt voller Energie und Lebensfreude.

Florence Falls *Das Top End*

▲ Hauptattraktion des Litchfield National Park sind gleich vier Wasserfälle, darunter die **Florence Falls** mit ihrem tiefen Naturpool, in den das kühle Nass über mehrere Kaskaden hinabrauscht.

Das Top End **Litchfield National Park**

Wie Grabsteine auf einem Friedhof ragen im **Litchfield National Park** meterhohe Termitenbauten auf, die exakt in Nord-Süd-Richtung ausgerichtet sind. Die Bauweise verhindert eine Überhitzung des Nestinneren.

▲ Die paläolithische Felskunst der Aborigines kennt verschiedene Stile. Beim sogenannten **Röntgenstil** werden die Figuren regelrecht durchleuchtet, sodass sowohl die Körperumrisse wie auch das Skelett wiedergegeben sind.

Die letzten Spuren
Felsmalereien

Zur Geschichte der Aborigines gehören seit Urzeiten Felsmalereien und Gravuren. Heute gelten diese Bilder als wichtige Zeugnisse einer weit zurückliegenden Epoche der Menschheitsgeschichte. Viele der Kunstwerke sind um die 20 000 Jahre alt, der Ursprung anderer reicht vermutlich noch weiter zurück. Die australischen Ureinwohner haben als einziges Volk der Welt bis in die Gegenwart ihre Bilder auf Fels- und Höhlenwände gemalt. Vor allem Felswände unter Überhängen, wie man sie in den zerklüfteten Sandsteinmassiven des Arnhem Land, der Cape York Peninsula und der Kimberleys findet, waren beliebte Plätze für Felszeichnungen. Die Künstler verwendeten kräftige, natürliche Pigmente, wie roten und gelben Ocker, Lehmfarben, Kalk oder Holzkohle.

Wie alle anderen künstlerischen Ausdrucksformen der Ureinwohner war die Felsmalerei ein fester Bestandteil des spirituellen, tief in der Ahnenverehrung und im Totemismus verwurzelten Weltbilds der Ureinwohner. Die Kunstwerke auf Stein erzählen von den Schöpfungsmythen, von der Traumzeit, als überirdische Wesen die Welt und alles Leben erschufen. Der Akt des Malens oder Auffrischens

▲ Am nördlichsten Ende des Kakadu Nationalparks liegt der **Ubirr Rock,** eine der vielen heiligen Stätten der Aborigines, die hier kunstvolle Tierzeichnungen hinterließen.

▲ Die Motive der heutigen Kunst der Aborigines sind zwar die gleichen geblieben, aber sie werden inzwischen nicht mehr auf Felsen, sondern mit Acrylfarben auf Leinwand oder Karton gemalt.

hatte für die Aborigines eine spirituelle Bedeutung, verband er sie doch auf mystische Weise mit ihren Traumzeit-Ahnen, deren Schöpfungsakt sie beim Malen oder Restaurieren nachvollzogen. In den Stammesgruppen betätigte sich jeder irgendwann einmal künstlerisch. Alleinige Voraussetzung war die fundierte Kenntnis der Stammesmythologie.

Die Aborigines entwickelten nie eine Schrift. Daher diente ihnen die Felskunst neben der mündlichen Überlieferung als Medium, mit dem sie Legenden und religiöse Vorstellungen weitergaben. Viele Felsgalerien, die von Ureinwohnern nach einer bestimmten Zeit restauriert werden, gelten als magische Orte, an denen die Mythen der Traumzeit noch heute gegenwärtig sind. Tausende von Felskunstwerken haben jedoch mit der Zeit durch Witterungseinflüsse stark gelitten und werden die Zeitenläufte kaum überdauern, da jüngere Aborigines den Bezug zu ihnen verlieren und teils nicht mehr die Kenntnisse besitzen, der Tradition entsprechend komplizierte Bilderneuerungszeremonien durchzuführen.

Die traditionelle Aboriginal-Malerei kennt verschiedene Stilarten. Im nordaustralischen Arnhem Land, der größten Felsmalereiregion der Welt, dominiert die Röntgenmalerei (X-Ray Style). Der Name verweist auf eine transparente Malweise, bei der die Künstler nicht nur die Umrisse von Menschen und Tieren auf die Felsen zeichneten, sondern oft filigran exakt wie auf einem Röntgenbild Knochen und innere Organe darstellten. Nicht auf eine bestimmte Region begrenzt ist hingegen die Stencil Art. Bei dieser Technik legten die Ureinwohner einen Gegenstand oder auch Hände und Arme an die Wand und bliesen Farbe darüber. Sichtbar blieben die Umrisse. Wie ihre Vorfahren bannen heute einige australische Ureinwohner wieder ihre Welt der Geister und Mythen in Bilder voller Magie. Die bekanntesten Künstlerkolonien Yuendumu und Papunya, die sich unweit von Alice Springs befinden, beliefern den Markt jährlich mit Hunderten von Bildern.

▲ Traditionelles Blasinstrument der nordaustralischen Aborigines ist das 1 bis 2,5 Meter lange Didgeridoo, zu dem ein von Termiten ausgehöhlter Eukalyptusstamm genutzt wird.

Aboriginal Art *Das Top End*

▲ Wellenlinien und Spiralen, Kreise und Kreuze – die abstrakten Motive der **Aboriginal Art** symbolisieren die Reisen und Wanderungen ihrer mythologischen Vorfahren, mit denen sie durch den Akt des Malens verbunden sind.

▲ Die hölzernen **Didgeridoos,** deren Laute an ein Alphorn erinnern, werden häufig mit besonders kunstvollen Mustern bemalt. Auch moderne Aboriginal-Bands wie Yothu Yindi setzen das traditionelle Instrument ein.

Das Top End **Nitmiluk National Park**

Kern des wilden **Nitmiluk National Park** ist die Katherine Gorge, die sich bis zu 100 Meter tief in das Sandsteinplateau des Arnhem Land eingegraben hat. Die Schlucht ist ein Zufluchtsort für harmlose Süßwasserkrokodile.

Jabiru-Störche/Salzwasserkrokodile *Das Top End*

▲ Hin und wieder staksen **Jabiru-Störche** im seichten Wasser umher – möglichst in sicherem Abstand zu den Krokodilen, die auf Beute lauern.

▲ Über sechs Meter lang können die unter Schutz stehenden **Salzwasserkrokodile** *(salties)* werden. Sie schnappen nach allem, was ihnen vor ihre riesige Schnauze läuft, schwimmt oder fliegt.

Das Top End **Helmkasuar/ Kragenechse**

▲ Der von vier mächtigen Strömen durchschnittene Kakadu National Park fasziniert mit einer ungeheuren Artenvielfalt. Der schillerndste Vogel ist sicherlich der flugunfähige **Helmkasuar.**

▲ Im kontrastreichen Landschaftsbild des Parks ist auch die **Kragenechse** beheimatet. Wird sie erschreckt, spreizt sie ihren Kragen in Drohstellung und erscheint so wesentlich größer und gefährlicher, als sie tatsächlich ist.

▲ Eine kompromisslose Natur beschert dem **Bilung Pool River** wie der gesamten Region abwechselnd Dürren und Überschwemmungen, denn im Tropengürtel gibt es zweimal im Jahr einen dramatischen Wetterwechsel.

134 **World Solar Challenge** *Das Top End*

▲ Es ist das weltweit härteste Rennen für Solarfahrzeuge. 3000 Kilometer geht es von Darwin bis nach Adelaide. Ausgetragen wird die **World Solar Challenge** – wo sonst wäre dies möglich? – auf dem Stuart Highway.

▲ Schnurgerade zielt das glänzende Band des **Highway** auf einen imaginären Punkt am Horizont. Im Notfall wird er auch als Landebahn für die Flying Doctors genutzt.

▲ **Arglye Mine:** Dort, wo einst Kängurus und Emus in der Hitze dösten, wuchsen nach der Entdeckung großer Diamant- oder Eisenerzlager die Infrastrukturen für den Abbau und die Verarbeitung der wertvollen Rohstoffe.

Der Westen

Siebenmal so groß wie Deutschland ist der Bundesstaat Western Australia – ein *bloody big country,* ein verdammt großes Land. In dem mit noch nicht einmal zwei Millionen Menschen extrem dünn besiedelten Westaustralien – 1,4 Millionen drängen sich davon allein in der Hauptstadt Perth – nehmen sonnenverglühte Trockensteppen und riesige Wüsten wie Gibson Desert und Great Sandy Desert fast 90 Prozent der Gesamtfläche ein. Der Westen bietet vor allem Landschaftskulissen von urzeitlicher Schönheit wie das zerklüftete Kimberley-Plateau im Norden mit grandiosen Schluchten und Wasserfällen. Und die Region ist reich: Anfang der 1950er-Jahre stieß man in der Pilbara-Region auf die weltweit ergiebigsten Eisenerzvorkommen. Nach der Erschließung der Lager wertvoller Mineralien wurde Western Australia ein neues Eldorado, und Perth entwickelte sich vom rückständigen Nest am Indischen Ozean zu einem modernen Geschäftszentrum.

Der Westen **Pilbara** 139

Lange Zeit galt die **Pilbara,** eine Region von der Größe Frankreichs, als unbewohnbar. Doch Leben gab es hier schon extrem früh, denn in dieser friedlichen Landschaft fand man Versteinerungen der ältesten Lebensformen der Welt, fast 3,5 Milliarden alte Fossilien – und riesige Eisenerzvorkommen.

▲ Trotz ihrer Unwirtlichkeit besitzt die Pilbara atemberaubende Landschaften. Wie ein geologisches Schaufenster zeigen sich die von der Erosion tief eingefrästen Schluchten der Hancock Gorge im **Karijini National Park**.

▲ Gelegentlicher Regen sorgt dafür, dass die weiten Flächen rechts und links der Wüstenpiste **Gunbarrel Highway** zumindest von einem spärlichen Bewuchs aus Spinifex-Gras oder niedrigem Trockenbusch bedeckt sind.

Purnululu National Park *Der Westen*

Im nördlichen Teil von Western Australia erstreckt sich das zerklüftete Plateau der Kimberleys mit einigen der großartigsten Wildnisgebiete des Kontinents. Weltweit einzigartig sind die Sandsteinformationen im **Purnululu National Park,** die wie gestreifte Bienenkörbe anmuten.

144 Halbwüsten und Savannen *Der Westen*

▲ Hitzeflirrende **Halbwüsten und Savannen,** die nichts bieten als Sand und monotones Buschland. Nur die Schnittstellen der Natur – und manchmal auch Känguru-Spuren – sorgen für ein wenig Abwechslung.

▲ **Emus** nehmen in Western Australia lange Wege auf sich, um an Futter zu kommen. Manchmal kommt es zu Massenwanderungen, bei denen sich bis zu 70 000 dieser flugunfähigen Laufvögel gemeinsam auf Nahrungssuche in neue Gebiete begeben.

146 **Desert Mallee** *Der Westen*

Der Westen **Desert Mallee**

▲ Wüstenwunder: Das monotone Bild der Halbwüsten ändert sich schlagartig, wenn – was hin und wieder vorkommt – Regenfälle niedergehen. Dann beginnen Abertausende Pflanzen wie auch die **Desert Mallee** zu blühen.

▲ Das gefährliche Aussehen täuscht, denn der bizarre **Dornenteufel** (thorny devil) ist eine völlig harmlose Echse.

▲ Lärmend kommen morgens und abends Galahs, auch **Rosakakadus** genannt, aus dem trockenen Grasland an die raren Wasserstellen der Halbwüsten.

Die Wüste lebt
Faszination Tierwelt

Im sonnendurchglühten Herz Australiens scheint es nur Sand, Steine und Geröllhalden zu geben, bedeckt von einem dünnen Mantel genügsamer Pflanzen. In den kühlen Morgen- und Abendstunden kommen jedoch die Tiere aus ihren Verstecken, in die sie vor der Hitze des Tages flüchteten, um Körperfeuchtigkeit zu sparen.

Smaragdgrün schimmernde Agamen, Eidechsen, huschen über den sandigen Boden, halten inne und erstarren in perfekter Fotopose. Die andächtige Stille über dem endlosen Land wird nur gestört vom Palaver der Wellensittiche und Zebrafinken sowie von den Schreien der Kakadus, die am Himmel in Schwärmen ihre Kreise ziehen. So trocken die unwirtlichen Regionen West- und Zentralaustraliens auch sein mögen, es gibt dort eine Vielfalt an Tieren, die sich den extremen Bedingungen dieser rauen Umwelt erstaunlich gut angepasst haben.

▲ In Western Australia herrschen für sonnenbedürftige Reptilien ideale klimatische Bedingungen. In Eukalyptuswäldern und offenen Savannen ist die **Bartagame** (bearded dragon) heimisch.

Der Westen **Pinnacle Desert**

Dicht an dicht stehen die charakteristischen Kalksteinsäulen der **Pinnacle Desert** im Nambung National Park. Sie sind hart und erosionsunanfällig, entstanden vermutlich durch eine Wanderdüne aus Quarzsand vor weit über 50 000 Jahren.

152 **Perth** *Der Westen*

▲ Dort, wo man die Bevölkerungsdichte nach Quadratkilometern je Einwohner misst, ist **Perth** die große Ausnahme. Eine der Attraktionen der Stadt sind die Swan Bells, 18 Glocken, die täglich zur Mittagszeit ein Konzert geben.

Der Westen **Sugarloaf Rock**

Der Form eines Zuckerhuts verdankt er seinen Namen: **Sugarloaf Rock.** Der nur 15 Minuten Autofahrt südlich von Dunsborough gelegene Granitfels ist einer der beliebtesten Ausflugsziele dieses Küstenstreifens – besonders schön ist es am Morgen oder gegen Abend.

Freycinet National Park *Tasmanien*

▲ Das grandiose Naturtheater erfährt im **Freycinet National Park** noch eine Steigerung durch das mächtige, rosafarbene Granitmassiv der Hazards, die einen effektvollen Kontrast zu den weißen Sandstränden bilden.

Tasmanien

Durch die Meerenge Bass Strait vom australischen Festland getrennt, liegt die herzförmige, von dem niederländischen Seefahrer Abel Tasman 1642 entdeckte und später nach ihm benannte Insel Tasmanien vor der Küste von Victoria. Zwar gehört der kleine Annex geologisch gesehen zum riesigen Australien – noch vor rund 10 000 bis 15 000 Jahren war Tasmanien mit dem Festland verbunden –, doch zeigt sich das Landschaftsbild der Insel ganz und gar unaustralisch. Tasmanien präsentiert sich wegen des niederschlagsreichen Klimas ohne starke Temperaturextreme in üppigem Grün. Nur in geringem Maße erforscht und abgesehen von wenigen Wanderwegen kaum erschlossen, gehören einige der als UNESCO-Weltnaturerbe geschützten Nationalparks der Insel zu den letzten großen Wildnisgebieten der Erde.

▲ Als Kapitänleutnant David Collins 1804 **Hobart** gründete, hätte er sich keinen schöneren Platz für die Inselhauptstadt aussuchen können. Hobart wird umgeben von Wasser und überragt vom 1270 m hohen Mount Wellington.

Port Arthur *Tasmanien*

▲ Sträflingskolonie als Touristenattraktion: **Port Arthur,** 60 km südöstlich von Hobart, galt nicht umsonst als ausbruchssicher, denn nur eine schmale Landbrücke und hungrige Haifische vereitelten die Flucht von der Halbinsel.

▲ Eine Herausforderung der besonderen Art ist das Erklimmen der Felsnadel The Moai, die unvermittelt wie ein Denkmal vor der Steilküste der Fortescue Bay im **Tasman National Park** aufragt.

Styx Valley *Tasmanien*

▲ Ein moderates Klima, guter Boden und die Tatsache, dass einige Gegenden jahrhundertelang von Waldbränden verschont blieben, bescherten dem **Styx Valley** gigantische Eukalyptusbäume von bis zu 20 Metern Durchmesser – nur ab und an wird einer von innen morsch.

▲ Zu den in Kaskaden hinabstürzenden Russel Falls pilgern fast alle Besucher des **Mount Field National Park,** sind sie doch auf einem kurzen und gut erschlossenen Wanderweg zu entdecken.

Dove Lake *Tasmanien*

▲ Fast mystisch ist die Stimmung, wenn sich bei Sonnenaufgang der Nebel über dem **Dove Lake** langsam lichtet und die spiegelglatte Wasseroberfläche die Silhouette des Cradle Mountain reflektiert.

Tasmanischer Teufel/Echidna *Tasmanien*

▲ Viele Tier- und Pflanzenarten der Nationalparks sind endemisch – einmalig auf der Welt, korrekter ausgedrückt vielleicht letztmalig. In dieser Urlandschaft lebt der **Tasmanische Teufel,** ein fleischfressendes, nachtaktives Beuteltier, das mittlerweile zum Maskottchen der Insel avancierte.

▲ Nur in Tasmanien, Australien und Neuguinea ist auch der **Echidna,** Ameisenigel, anzutreffen, der zusammen mit dem Schnabeltier zu den einzigen Säugetieren gehört, die Eier legen.

▲ Ein UNESCO-geschützter Nationalpark umschließt die landschaftlich schönste Region des zentralen Hochlands Tasmaniens – und seine höchsten Bergen. 1545 Meter liegt der **Cradle Mountain** über dem Meeresspiegel.

Bay of Fires *Tasmanien*

Robinsonade: Bei diesem Küstenabschnitt an der **Bay of Fires** nördlich des Städtchens Bicheno darf man ohne zu übertreiben getrost von einem Traumstrand sprechen. Wer würde hier nicht mal gerne Robinson Crusoe spielen?

▲ Australien ist das Land der Superlative und Extreme: unermesslich weite Savannenebenen und steinübersäte Einöden – und so manche Viehfarm, die die Größe eines deutschen Bundeslandes hat.

Australien auf einen Blick

172 *Der Südosten*

175 *Der Osten*

176 *Das Zentrum*

177 *Das Top End*

178 *Der Westen*

179 *Tasmanien*

181 *Daten und Fakten*

Der Südosten

Adelaide

Obwohl mittlerweile mit 1,2 Mio. Einwohnern die fünftgrößte Metropole des Kontinents, vermochte die Stadt das Flair und die Atmosphäre eines beschaulichen Ortes mit viel Kulturengagement zu bewahren.

Ein günstiger Ausgangspunkt ist das **Adelaide Festival Centre.** Dem modernen Äußeren des Mehrzweckzentrums entspricht das Innere, das für Theater, Oper, Ballett, Musik und Film genutzt wird (www.afct.org.au). An dem Flanierboulevard North Terrace liegen die meisten Sehenswürdigkeiten der Stadt, etwa das **Migration Museum,** das die Geschichte der Einwanderer aus über 100 Ländern, die sich in South Australia niederließen, dokumentiert (www.history.sa.gov.au). Als eine Schatzkiste für naturkundlich Interessierte erweist sich das **South Australian Museum** (www.samuseum.sa.gov.au). Nebenan liegt die **Art Gallery of South Australia** mit einer vielfältigen Sammlung australischer, europäischer und asiatischer Kunst (www.artgallery.sa.gov.au). Am östlichen Ende der North Terrace beginnen die 1855 angelegten **Adelaide Botanic Gardens,** in denen man zwischen mediterranen und subtropischen Pflanzen flanieren kann. Der etwas weiter nördlich am Torrens River gelegene **Adelaide Zoo** gibt einen guten Überblick über die Tierwelt des fünften Kontinents (www.adelaidezoo.com.au). Weil hier 1836 die ersten Briten an Land gingen, gilt der Strandvorort **Glenelg** als Geburtsstätte von South Australia. Historisch Interessierte zieht es von dort weiter nach **Port Adelaide.** Über mehrere Gebäude im museal gepflegten alten Hafenviertel ist das **South Australian Maritime Museum** verteilt, das einen guten Einblick in die Seefahrtsgeschichte früherer Jahre gibt (www.history.sa.gov.au).

Umgebung von Adelaide

Rund 50 km nordöstlich von Adelaide liegt mit dem **Barossa Valley** das berühmteste Weinanbaugebiet Australiens, wo man rund ein Viertel des australischen Weins keltert (www.barossa.com).

Ballarat

Das 110 km nordwestlich von Melbourne gelegene Ballarat war eines der Zentren des Goldfiebers der Jahre 1851 bis 1861. Geschichte und Geschichten werden lebendig, wenn historisch kostümierte Schauspieler in **Sovereign Hill,** einer originalgetreuen Nachbildung der Goldgräbersiedlung, den damaligen Alltag nachstellen (www.sovereignhill.com.au).

Bathurst

In der 1815 am Ufer des Macquarie River gegründeten ältesten Binnenstadt Australiens blieben etliche Bauwerke aus der Vergangenheit erhalten. Im Ostflügel des historischen **Court House** in der Russell Street dokumentiert ein Museum den Aufschwung von Bathurst nach dem Goldrausch von 1851. Lebendige Geschichte erlebt man im Museumsdorf **Bathurst Goldfields** (www.bathurstgoldfields.com.au).

Bendigo

In der Stadt zeugen stattliche Bauwerke, die als das besterhaltene Ensemble viktorianischer Architektur in Australien gelten, vom Glanz der »goldenen Vergangenheit«. Ein Muss ist die Besichtigung der **Central Deborah Goldmine,** einer aufgelassenen Goldmine, die noch bis 1954 in Betrieb war und heute ein Bergbaumuseum beherbergt (www.centraldeborah.com).

Blue Mountains

Spektakuläre Felsabbrüche, Wasserfälle, kilometerlange Canyons, Eukalyptuswälder, atemberaubende Aussichtspunkte und Wandermöglichkeiten, das sind die Kennzeichen dieses an Naturschönheiten überaus reichen Höhenzugs knapp 100 km nördlich von Sydney. Hauptattraktion sind die **Three Sisters**, Riesenfelsnadeln beim Städtchen Katoomba (www.visitbluemountains.com.au).

Adelaide Festival Centre

Canberra

Als Hauptstadt des fünften Kontinents ist das 350 000 Einwohner zählende Canberra ein Kompromiss, da Sydney und Melbourne nach der Gründung des Commonwealth of Australia am 1. Jan. 1901 einander die Würde der Bundeshauptstadt nicht gönnten.

An sitzungsfreien Tagen kann der in den Capitol Hill versenkte Komplex des **New Parliament House** im Rahmen von Führungen besichtigt werden (www.aph.gov.au). Das unterhalb gelegene **Old Parliament House** bildet heute den Rahmen für das **Museum of Australian Democracy** (www.moadoph.gov.au). Mehr als 400 bedeutende Persönlichkeiten der australischen Geschichte und Gegenwart präsentiert die **National Portrait Gallery** (www.portrait.gov.au). Die Kollektion der **National Gallery of Australia** gibt zudem einen Überblick über das australische Kunstschaffen aller Epochen (www.nga.gov.au). Wenige Schritte weiter bietet das **National Science and Technology Centre** Naturwissenschaft und Technologie zum Anfassen (www.questacon.edu.au).

Mitten im **Lake Burley Griffin** setzte man mit dem **Captain Cook Memorial Water Jet** dem Entdecker Australiens ein Denkmal. Am nördlichen Ende der Anzac Parade erinnert das **Australian War Memorial** an die in den Kriegen des 20. Jhs. gefallenen Australier (www.awm.gov.au). Ebenso anschaulich wie unterhaltsam dokumentiert das an der Spitze der Acton Peninsula gelegene **National Museum of Australia** die Geschichte des fünften Kontinents (www.nma.gov.au).

Umgebung von Canberra

Südwestlich von Canberra erstrecken sich die **Snowy Mountains**, die alle Merkmale einer Hochgebirgslandschaft besitzen: über 2000 m hohe Gipfel, Bergseen, Flüsse sowie Hochmoore, Heide, gemäßigte Regenwälder und Schnee-Eukalypten. Da die Hochlagen bis zu sechs Monate im Jahr schneebedeckt sind, bieten sich Skiläufern ausgezeichnete Möglichkeiten.

Echuca

Die Versorgung der Goldfelder um Bendigo erfolgte einst über den 100 km nördlich mäandrierenden **Murray River.** Echuca war damals der größte Binnenhafen des Landes. An die glorreiche Vergangenheit der 1853 gegründeten Stadt

Canberra, New Parliament House

erinnert im historischen **Port of Echuca** die dreistöckige Pier, an der alte Schaufelraddampfer Südstaatenromantik aufkommen lassen (www.portofechuca.org.au). Unvergesslich ist eine nostalgische Kreuzfahrt auf dem Murray River in einem restaurierten *paddlesteamer* (www.murraypaddlesteamers.com.au).

Grampians National Park

Gut 100 km westlich von Ballarat steigen die Grampians, ein aus rotem Sandstein und Quarzit bestehender Gebirgsstock, bis zu 1167 m aus hügeligem Agrarland auf. Einen Großteil dieser faszinierenden Region nimmt der Grampians National Park ein, den Besucher, Wanderer und Kletterer als einen der schönsten Nationalparks von Australien preisen.

Kangaroo Island

In den Naturschutzgebieten der drittgrößten australischen Insel kann man neben Seehunden, Seelöwen, Schnabeltieren, Emus, Pinguinen sowie zahlreichen Papageienarten auch Kängurus und Koalas beobachten (www.tourkangarooisland.com.au).

Melbourne

Das 1835 gegründete und heute rund 4,1 Mio. Einwohner zählende Melbourne ist ein ökonomisches Powerhouse, muss sich aber in puncto wirtschaftlicher Bedeutung mit Platz zwei hinter Sydney zufriedengeben. Für viele ist Melbourne aber die führende Kulturmetropole Australiens.

Interessantes bietet der **Federation Square,** auf dem sich ein Kulturkomplex mit Museen, Galerien, Theatern und Kinos erhebt. Hervorzuheben ist das **Ian Potter Centre,** das die landesweit größte Sammlung australischer Kunst präsentiert (www.ngv.vic.gov.au). Vom frühen Reichtum der Stadt zeugen die viktorianischen Prachtbauten an der Swanston Street. Das mehrstöckige Ladenzentrum **Melbourne Central** im Schnittwinkel von Swanston Street und La Trobe Street, ein Pionierbau postmoderner Architektur, ist eines der markantesten Bauwerke der Stadt. Weniger vornehm, dafür aber umso lebhafter geht es in den über 100 Jahre alten Hallen des **Queen Victoria Market** zu (www.qvm.com.au).

Am Rande der Carlton Gardens nördlich der City steht das **Melbourne Museum,** unter dessen Dach sich übersichtlich arrangierte Sammlungen Sachgebieten wie Geologie, Biologie, Ökologie, Ethnografie und Sozialgeschichte widmen (www.melbourne.museum.vic.gov.au). Im **Melbourne Zoo** im nördlichen Vorort Parkville leben zahlreiche einheimische Tiere sowie exotische Importe (www.zoo.org.au).

Als ein hervorragendes Beispiel für neogotische Architektur gilt die **St Patrick's Cathedral** an der Gisborne Street. Südöstlich des Gotteshauses dehnen sich mit den **Treasury Gardens** und **Fitzroy Gardens** die ältesten Parkanlagen von Melbourne aus. Eine einzigartige Parklandschaft bilden auch die **Alexandra Gardens, Queen Victoria Gardens** und die **Kings Domain** südlich des Yarra River. Über 12 000 verschiedene Pflanzenarten aus aller Welt kann man in den **Royal Botanic Gardens** entdecken, die sich südöstlich der King's Domain erstrecken (www.rbg.vic.gov.au).

Am nördlichen Ende der St Kilda Road liegt das **Victorian Arts Centre,** das kulturelle Aushängeschild der Stadt (www.theartscentre.com.au). Dahinter schmiegt sich der **Southgate Complex** mit Restaurants, Cafés und Boutiquen an das südliche Ufer des Yarra. Ein grandioser Blick auf die Stadt bietet sich von der Aussichtsplattform im 88. Stock des 297 m hohen **Eureka Tower** (www.eurekaskydeck.com.au). Im **Melbourne Aquarium** am anderen Flussufer gelangen Besucher in einem Plexiglastunnel in die Unterwasserwelt des Pazifiks (www.melbourneaquarium.com.au).

Umgebung von Melbourne

Von Melbourne aus werden zahlreiche Tagesausflüge nach **Phillip Island** angeboten. Als Tierparadies ist die 120 km südöstlich gelegene Insel Heimat von Koalas, Kängurus, Seehunden und zahlreichen Vogelarten. Größter Besuchermagnet sind die possierlichen Zwergpinguine, die hier vor allem in den Sommermonaten allabendlich zur berühmten Pinguinparade antreten (www.visitphillipisland.com).

Sydney

Am 26. Januar 1788 ging Kapitän Arthur Phillip mit der ersten Sträflingsflotte im Port Jackson vor Anker und gründete die erste britische Kolonie auf dem australischen Kontinent. Gesichert war Sydneys Entwicklung, als 1813 ein Übergang über die Blue Mountains gefunden wurde und das Hinterland der Kolonie ausgedehnt werden konnte. Die Grundlagen für eine solide Agrarwirtschaft legten freie Siedler, die seit Ende des 18. Jhs. ins Land strömten. Rasch wuchs Sydney zu einem prosperierenden Exporthafen für Weizen und Wolle. Heute ist Sydney mit 4,6 Mio. Einwohnern die größte Stadt und das bedeutendste Industrie-, Handels- und Finanzzentrum des fünften Kontinents.

Nur wenige Gehminuten vom zentralen Verkehrsknotenpunkt **Circular Quay** erstreckt sich die Altstadt **The Rocks,** heute das touristische Vorzeigeviertel von Sydney, hinter dessen restaurierten historischen Fassaden man Pubs und Restaurants, Boutiquen und Galerien findet. Die Geschichte der Altstadt wird in **The Rocks Discovery Museum** präsentiert (www.rocksdiscoverymuseum.com).

Vom Fußweg auf der **Harbour Bridge** sowie insbesondere vom 89 m hohen Südost-Pylon bietet sich dem Besucher ein ausgezeichneter Blick auf die Stadt (www.pylonlookout.com.au).

Vom Circular Quay ist es auch nur ein Katzensprung zum Bennelong Point, wo sich das **Sydney Opera House** erhebt, das nach seiner Eröffnung am 20. Oktober 1973 schnell zum Wahrzeichen der Stadt wurde (www.soh.nsw.gov.au). Nur wenige Schritte abseits der Oper beginnen die 1816 angelegten **Royal Botanic Gardens** mit Pflanzen der südpazifischen Region (www.rbgsyd.nsw.gov.au). Der Immigrationsphase des 18. und 19. Jhs. ist das **Museum of Sydney** gewidmet (www.hht.net.au). Die prächtigsten georgianischen Baudenkmäler der Stadt gruppieren sich um den Queens Square am Ende der Macquarie Street, darunter die **Hyde Park Barracks,** die heute ein Museum zur Sozialgeschichte Sydneys beherbergen (www.hht.net.au). Östlich der Macquarie Street liegt die **Art Gallery of New South Wales,** eines der bedeutendsten Kunstmuseen des Landes (www.artgallery.nsw.gov.au).

Sydney, Harbour Bridge

Als eine glitzernde Mischung aus Freizeitpark, Einkaufszone und Kulturzentrum präsentiert sich westlich der City der **Darling Harbour.** Besuchermagneten sind dort das den Naturwissenschaften und der Technologie gewidmete **Powerhouse Museum,** das die australische Seefahrtsgeschichte dokumentierende **Australian National Maritime Museum** (www.anmm.gov.au), das **Sydney Aquarium,** wo ein durchsichtiger Unterwassertunnel Haie und Tropenfische die Besucher umkreisen lässt (www.sydneyaquarium.com.au) sowie die **Sydney Wildlife World** (www.sydneywildlifeworld.com.au).

Zu den schönsten kleinen Schiffsreisen der Welt gehört die Fährfahrt vom Circular Quay zum **Taronga Zoo,** aufgrund der herrlichen Lage einer der schönsten Tierparks der Welt (www.zoo.nsw.gov.au).

Die berühmteste Sandmeile ist **Bondi Beach** östlich der City, wo Brandungswellen zum Schwimmen und Surfen laden. Etwas weniger trendy, aber ebenso attraktiv sind die südlich von Bondi gelegenen Badestrände Bronte Beach und Clovelly Beach.

Melbourne Skyline

Der Osten

Brisbane
Das rund 2 Mio. Einwohner zählende Brisbane wurde 1824 als Strafkolonie gegründet. Im Jahr 1842 öffnete man die Region für freie Siedler, und Viehfarmer legten den Grundstein für die lukrative Rinderzucht.

Die **South Bank Parklands** am Südufer des Brisbane River sind ein schöner Freizeit- und Naherholungspark. Nördlich davon erstreckt sich das großzügig konzipierte **Queensland Cultural Centre,** das u. a. die **Queensland Art Gallery** und die **Gallery of Modern Art** beherbergt, die neben zeitgenössischer australischer Kunst und Aboriginal Art auch internationale Kunst präsentiert (www.qag.qld.gov.au). Unter demselben Dach befinden sich das **Queensland Museum** (www.qm.qld.gov.au), die **State Library of Queensland** und der **Performing Arts Complex** (www.qpac.com.au).

An der George Street konzentrieren sich die architektonischen Spuren der Kolonialgeschichte, etwa das **Treasury Building** und die Terrassenhäuser **The Mansions.** Die Südspitze der vom Brisbane River umschlossenen Halbinsel mit dem Central Business District nehmen die **City Botanic Gardens** ein. Ein Spaziergang führt am Fluss entlang zum **Eagle Street Pier,** eine der Ablegestellen für die City-Cat-Fähren, die sich vorzüglich für eine Rundfahrt auf dem Wasser eignen.

Cairns
Die tropische Stadt an der malerischen Trinity Bay fungiert als Drehscheibe für Kreuzfahrten zum Great Barrier Reef und für Tagesausflüge in die regenwaldbedeckten Berge des Hinterlands. Zum Pflichtprogramm gehört ein Besuch im 600–800 m hoch gelegenen **Atherton Tableland**. Beeindruckend ist die Anreise per Zug mit der **Kuranda Scenic Railway.** Als nicht minder spannende Alternative für den Rückweg empfiehlt sich die **Skyrail Rainforest Cableway,** mit 7,5 km die längste Seilbahn der Welt.

Cooktown
Die Hafenstadt erhielt ihren Namen nach James Cook, der dort am 17. Juni 1770 landete, um sein leckgeschlagenes Schiff zu reparieren. Das **James Cook Historical Museum** in der Helen Street dokumentiert die Stadtgeschichte und die Entdeckungsreisen von Captain James Cook.

Gold Coast
Rund 60 km südlich von Brisbane beginnt Australiens beliebteste Ferienregion. Der 40 km lange Küstenstreifen erstreckt sich von Southport über Surfers Paradise bis nach Coolangatta. Mittlerweile hat man die Orte zur **City of Gold Coast** vereint, der mit über 300 000 Einwohnern jüngsten Großstadt des Kontinents. Besuchermagneten sind die Vergnügungszentren **Dreamworld** (www.dreamworld.com.au), **Movie World** (www.movieworld.com.au)

Gold Coast

und **White Water World** (www.whitewaterworld.com.au). Southport besitzt mit **Sea World** ein regelrechtes »aquatisches Disneyland« (www.seaworld.com.au).

Great Barrier Reef
Das weltgrößte Korallenriff bedeckt ein Gebiet von 350 000 Quadratkilometern. Die Ausflugsboote zur berühmtesten Natursehenswürdigkeit vor der Küste Australiens starten in **Port Douglas.** Das 1877 gegründete Städtchen ist heute ein bei Tauchern und Hochseeanglern beliebter Standort. Ziele für Kreuzfahrten sind auch die beiden Koralleninseln **Low Isles.**

Sunshine Coast
Die Strände des rund 150 km langen Küstenstreifens zwischen Noosa und Brisbane nehmen unter dem Begriff Sunshine Coast in der Popularitätsskala der australischen Ferienregionen nach der Gold Coast Rang zwei ein. Ihr nördliches Ende markiert der elegante Badeort **Noosa.**

Wombat

Das Zentrum

Alice Springs

Im Jahr 1872 als Relaisstation für die Telegrafenleitung zwischen Adelaide und Darwin gegründet, war Alice Springs lange Zeit ein isolierter Pionierort, dessen Bewohner mit Kamelkarawanen versorgt werden mussten. Erst als 1929 eine Eisenbahnlinie von Süden her das Städtchen erreichte, setzte der Aufschwung ein. Heute ist es ein idealer Ausgangspunkt für Touren in die MacDonnell Ranges, in den Uluru-Kata Tjuta National Park und zum Kings Canyon.

Das **Adelaide House** in der Todd Mall wurde in den 1920er-Jahren als erstes Krankenhaus Zentralaustraliens errichtet. Über die Reptilienwelt unterrichtet das **Alice Springs Reptile Centre** (www.reptilecentre.com.au). Das regionale Hauptquartier des **Royal Flying Doctor Service** informiert über den australischen Luftrettungsdienst (www.flyingdoctor.net/central).

Etwa 3 km nördlich der City erstreckt sich am North Stuart Highway die **Alice Springs Telegraph Station Historical Reserve** mit einer Siedlung aus Steinhäusern, die 1872 um die alte Telegrafenstation herum entstand. Im nahen Visitor Centre der **School of the Air** erfahren Sie Wissenswertes über den Schulunterricht per Funk (www.assoa.nt.edu.au).

Am Larapinta Drive etwa 2 km westlich der City liegt das **Alice Springs Cultural Precinct,** ein modernes Kulturviertel, zu dem u. a. das **Araluen Centre for Arts and Entertainment** sowie mehrere Museen gehören (www.araluencentre.com.au). Noch weiter westlich erschließt ein Spazierweg im **Alice Springs Desert Park** die wichtigsten Landschaftsformen des Outback (www.alice springs desertpark.com.au).

Umgebung von Alice Springs

Alice Springs liegt im Zentrum der aus zerklüfteten und steilen Bergzügen bestehenden **MacDonnell Ranges,** die sich rund 400 km durch die zentralaustralische Ebene ziehen und deren Kennzeichen grandiose Schluchten sind.

Highlights im **West MacDonnell National Park** sind die **Simpsons Gap,** in der Felsenwallabies leben, der nur 5 bis 9 m breite **Standley Chasm,** dessen Wände 100 m abfallen, das **Ellery Creek Big Hole** mit einem kleinen, aber tiefen See, die schmale Schlucht **Serpentine Gorge,** die bei Wanderern beliebte **Ormiston Gorge** und die zauberhafte **Glen Helen Gorge** mit einer tiefblauen Lagune. Nur im **Palm Valley** südlich der Aboriginal-Missionsstation Hermannsburg gedeihen rund 3000 seltene Palmen. Auch die **östlichen MacDonnells** bieten sehenswerte Schluchten und Klammen, etwa die Flussdurchbrüche **Emily and Jessie Gaps** und die breite Felsenschlucht **Trephina Gorge.**

Alice Springs, Wandbild School of the Air

MacDonnell National Park

Coober Pedy

Der einzige größere Ort zwischen Port Augusta am Spencer Gulf und Alice Springs ist die inoffizielle Hauptstadt von Zentralaustralien und Zentrum der Opalförderung. Aufgrund der extremen Temperaturen von bis zu 50 °C im Sommer haben sich viele Edelsteingräber in Erdwohnungen, sogenannte *dug outs*, zurückgezogen.

Kings Canyon

Die grandiose, weit über 200 m tiefe Sandsteinschlucht bildet das Zentrum des **Watarrka National Park.** In den schattigen Tiefen der Schlucht gedeihen Palmen, Baumfarne und Zykadeen. Auf dem Kings Creek Walk erschließt sich Besuchern die einzigartige Flora.

Uluru-Kata Tjuta National Park

Der Uluru, früher als Ayers Rock bekannt, ist Australiens berühmteste Erhebung und zugleich der heilige Berg der Aborigines. Nicht weniger faszinierend sind die 35 km westlich aus der Spinifex-Ebene ragenden Bergkuppen (Olgas), die in der Sprache der Aborigines Kata Tjuta (viele Köpfe) heißen.

Das Top End

Darwin

Erst Mitte des 19. Jhs. beschloss die Kolonialregierung in Sydney, am Naturhafen Port Darwin einen Stützpunkt zu errichten. Doch die Entwicklung des zu Ehren von Charles Darwin benannten Ortes stagnierte. Hauptgründe dafür waren das feuchtheiße Tropenklima und die mit unerbittlicher Regelmäßigkeit über die Hafenstadt hinwegtobenden Wirbelstürme. So kam es am Weihnachtstag 1974 zur größten Naturkatastrophe in der überlieferten Geschichte Australiens, als der Zyklon Tracy über Darwin hereinbrach und in nicht einmal vier Stunden fast die gesamte Stadt dem Erdboden gleichmachte. Inzwischen ist Darwin wie ein Phönix aus der Asche neu entstanden. Rund 130 000 Menschen leben heute in Australiens Tropenmetropole, Tendenz steigend.

Einige der historischen Gebäude wurden im viktorianischen Kolonialstil wieder aufgebaut, wie etwa der Komplex von **Old Court House and Police Station** an der Ecke Smith Street und Esplanade, dessen Original auf das Jahr 1884 zurückgeht. Im alten Glanz erstrahlt auch das ursprünglich 1883 errichtete **Government House.** Im Meerwasseraquarium **Indo Pacific Marine** am Eingang zur Stokes Hill Wharf etwas abseits der Innenstadt staunen Besucher über die Fauna und Flora eines lebenden Korallenriffs (www.indopacificmarine.com.au). Informationen zum Thema Perlenzucht erhält man in der **Australian Pearling Exhibition** im gleichen Gebäude.

Einen Vorgeschmack auf das »Crocodile Country« des Kakadu National Park, den man von Darwin bequem erreicht, gibt mitten in der Stadt der auf Riesenechsen spezialisierte Tierpark **Crocosaurus Cove** (www.crocosauruscove.com.au). In der Bucht Doctors Gully am nördlichen Ende der Esplanade liegt der Strandabschnitt **Aquascene,** wo Tag für Tag während der Flut Hunderte von Fischen herbeischwimmen, um sich füttern zu lassen (www.aquascene.com.au). Nördlich davon erstrecken sich die üppigen **Darwin Botanic Gardens.** Das **Museum and Art Gallery of the Northern Territory** präsentiert neben einer naturhistorischen Sektion eine Kunstsammlung der Aborigines sowie Stammeskunst südostasiatischer und melanesischer Völker (www.magnt.nt.gov.au).

Umgebung von Darwin

Etwa 50 km südlich von Darwin ist im **Territory Wildlife Park** die Tierwelt des Northern Territory fast vollzählig vertreten (www.territorywildlifepark.com.au). Etwas weiter südlich, aber immer noch in Reichweite eines Tagesausflugs, liegt der **Litchfield National Park,** dessen Hauptattraktionen die Wasserfälle Florence Falls, Tolmer Falls und Wangi Falls sind.

Kakadu National Park

Kakadu National Park

Der Nationalpark ist bekannt für sein kontrastreiches Landschaftsbild, insbesondere seine ausgedehnten Überschwemmungsgebiete, die ein breites Artenspektrum hervorbringen. Außerdem wird der Nationalpark wegen der Felsenmalereien der Gadudju-Aborigines besucht, die man vor allem am Ubirr Rock und am Nourlangie Rock bestaunen kann. Weitere Highlights sind die Wasserfälle Jim Jim Falls, Twin Falls und Gunlom Falls.

Katherine

Das Städtchen, rund 300 km südlich von Darwin gelegen, ist das Zentrum des Never Never Land, eines von Viehzucht geprägten Landstreifens. Nordöstlich von Katherine erstreckt sich der **Nitmiluk National Park.** Kern dieses wilden Naturschutzgebietes ist die **Katherine Gorge,** die sich bis zu 100 m tief in das Sandsteinplateau des Arnhem Land eingegraben hat. Unvergesslich ist die Fahrt in einem Kanu auf dem Katherine River durch den unteren Teil der Schlucht.

Darwin, Jumping Crocodiles

Der Westen

Broome
Obwohl Broome heute als »Tor zu den Kimberleys« einen Boom erlebt, hat es sich seine beschauliche Atmosphäre bewahrt. 16 km außerhalb bringt der **Wilderness Park** den Besuchern die Tierwelt der Kimberleys zum Greifen nahe (Great Northern Highway). Im **Broome Crocodile Park** leben Süß- und Salzwasserkrokodile (www.malcolmdouglas.com.au).

Exmouth
Besuchermagnet des Ferienorts ist der **Ningaloo Marine Park,** der das mit 260 km längste Korallenriff in Western Australia schützt. Kenner behaupten, die Unterwasserwelt sei mit rund 220 Korallen- sowie mehr als 500 Fischarten vielfältiger als jene des Great Barrier Reef.

Geraldton
Mit dem **Western Australian Museum** besitzt die Stadt ein hervorragendes Seefahrtmuseum (1 Museum Place, www.museum.wa.gov.au). Rund 100 km nördlich von Geraldton dehnt sich mit dem **Kalbarri National Park** einer der landschaftlich kontrastreichsten Nationalparks von Western Australia aus.

Kalgoorlie-Boulder
Am 15. Juni 1893 stieß man bei Kalgoorlie-Boulder auf eine Goldader, deren Reichtum alle bisherigen australischen Funde übertraf. In der Doppelstadt spiegelt sich der Wohlstand der goldenen Epoche in vielen Kolonialbauten wider. Wissenswertes zum Thema Gold vermitteln das Bergbaumuseum **The Australian Prospectors and Miners Hall of Fame** (www.mining hall.com) und das **WA Museum Kalgoorlie-Boulder** (www.museum.wa.gov.au).

Karijini National Park
Was den Zauber des Karijini National Park in der stark verwitterten Hamersley Range ausmacht, sind die von der Erosion tief in die Gesteinsschichten hineingefrästen Schluchten und bizarren Felsformationen. Die Hauptattraktionen konzentrieren sich um den **Oxer Lookout,** wo vier Canyons aufeinandertreffen.

Kimberleys
Tiefe Schluchten sorgen im Wechsel mit weiten Savannen für faszinierende Naturszenerien. Zu den Highlights gehören die **Windjana Gorge** und die **Geikie Gorge** sowie der **Purnululu National Park** mit steilen Felsdomen und bizarren Sandsteinkuppeln.

Perth
Der Aufschwung der 1829 gegründeten Hauptstadt von Western Australia setzte erst in den 1890er-Jahren ein, als die Kunde von großen Goldfunden bei Coolgardie und Kalgoorlie um die Welt ging. Heute ist Perth mit 1,7 Mio. Einwohnern die viertgrößte Stadt *down under*.
Ein schöner Blick auf die Metropole und den Swan River bietet sich vom hügeligen **Kings Park** westlich der City, der zudem einen Botanischen Garten mit über 1200 Pflanzenarten beherbergt (www.bgpa.wa.gov.au/kings-park). Viel besucht sind die Kolonialgebäude am Prachtboulevard St George's Terrace, etwa das **Government House** (um 1860), das **Old Court House** (1837) und die **Old Perth Boys' School** (1855) sowie die neogotischen Gotteshäuser **St Andrew's Church** (1906) und **St George's Cathedral** (1880). Abgerundet wird die Stadtbesichtigung durch Besuche der **Western Australian Art Gallery,** die eine Sammlung australischer, europäischer und asiatischer Kunst präsentiert (www.artgallery.wa.gov.au), und des **Western Australian Museum,** das neben einer naturwissenschaftlichen Sammlung eine ethnologische Abteilung zur Kultur der Aborigines besitzt (www.museum.wa.gov.au).

Umgebung von Perth
Den Kontrapunkt zum modernen Perth bildet das Hafenstädtchen **Fremantle** an der Mündung des Swan River. Weiße Strände und hervorragende Tauchreviere bietet die knapp 20 km vor Fremantle gelegene Insel **Rottnest Island.**
Im **Aquarium of Western Australia,** einem riesigen Salzwasseraquarium im nördlichen Vorort Hillarys, schwimmen große Raubfische nur wenige Zentimeter über den Köpfen der Besucher (www.aqwa.com.au). Im **Swan Valley** erzeugen etwa 40 Weingüter, die für Proben und Verkauf geöffnet sind, hochwertige rote und weiße Tafelweine.

Karijini National Park

Tasmanien

Devonport
Der Hafen für die Passagier- und Autofähren aus Melbourne ist mit nur wenigen Highlights gesegnet. Bedeutung hat die Stadt als Ausgangspunkt für den alpinen **Cradle Mountain – Lake St Clair National Park,** einen der schönsten Nationalparks von Australien.

Hobart
Neben ihrer herrlichen Lage im Mündungsdelta des River Derwent besticht die Hauptstadt Tasmaniens durch ihre Atmosphäre. Das war nicht immer so, denn nach der Gründung Hobarts entwickelte sich die Insel zu einer Verbannungsstätte für die widerspenstigsten der nach Australien deportierten Strafgefangenen. Ab Mitte des 19. Jhs. ließen sich auf Tasmanien zunehmend freie Siedler nieder und begannen mit dem Aufbau einer florierenden Landwirtschaft.

Während am **Victoria Dock** Fischtrawler anlegen, starten vom benachbarten **Constitution Dock** Ausflugsboote zu Fahrten auf dem River Derwent. Das gegenüber gelegene **Maritime Museum of Tasmania** dokumentiert die Geschichte der tasmanischen Seefahrt und des Walfangs (www.maritimetas.org). Im **Tasmanian Museum and Art Gallery** ist vor allem die auf die Kultur der tasmanischen Ureinwohner spezialisierte Sektion sehr sehenswert (www.tmag.tas.gov.au). Vorbei an der neogotischen **St David's Cathedral** und dem klassizistischen **Parliament House** geht es zum **Salamanca Place.** Die in den 1830er-Jahren errichteten Sandsteinhäuser, die den Kai säumen, gelten als schönstes Ensemble kolonialer Bauten aller australischen Hafenstädte.

Umgebung von Hobart
Überragt werden die südlichen Vororte vom 340 m hohen Aussichtsberg **Mount Nelson.** Am nordwestlichen Stadtrand erstrecken sich die 1818 angelegten Royal **Tasmanian Botanical Gardens.** Bei einer Führung durch die **Cadbury Chocolate Factory** im Vorort Claremont kann man sich ein Bild von der Schokoladenherstellung machen (www.cadbury.com.au). Die grandiose Lage von Hobart lässt sich am besten bei einem Ausflug auf den **Mount Wellington** genießen. Bei der Anfahrt lohnt sich ein Stopp bei der **Cascade Brewery,** der ältesten Brauerei Australiens (www.cascadebrewery.com.au). Noch im Rahmen eines Tagesausflugs erreichbar liegen die Ruinen der 1830 errichteten Strafkolonie **Port Arthur** (www.portarthur.org.au) und der **Tasmanian Devil Conservation Park** (www.tasmaniandevilpark.com).

Launceston
Das im Jahr 1805 gegründete Launceston am Tamar River ist die drittälteste und mit rund 106 000 Einwohnern die zweitgrößte Stadt von Tasmanien. Historische Häuser und Kirchen im georgianischen Stil, gepflegte Parks und College-Studenten in Uniformen wecken Erinnerungen an Städte wie Oxford oder Cambridge. Dazu gehören das **Macquarie House** von 1830 am Civic Square, das **Post Office Building** und die **Town Hall** in der St John Street. Mit dem **Canyon Cataract Gorge** liegt ein kleines Naturwunder direkt vor der Haustür von Launceston.

Stanley
Der geschichtsträchtige Ort liegt im Schatten des majestätischen, über 150 m hohen Felsmassivs **The Nut** auf einer weit in die Bass Strait ragenden Halbinsel. Bereits im Jahre 1826 hatte dort die Van Diemen's Land Company ihren Hauptstützpunkt im nördlichen Tasmanien errichtet. Die bewegte Vergangenheit des malerischen Städtchens spiegeln einige gut erhaltene Kolonialgebäude wider.

Strahan
Am nördlichen Ende des Macquarie Harbour, dem Mündungstrichter des Gordon River, gelegen, ist es der einzige Hafen an Tasmaniens sturmgepeitschter Westküste. Einst war Strahan eines von vielen über die Insel verteilten Sträflingslagern. Bootstouren führen zur Gefängnisinsel **Sarah Island** am Südende des **Macquarie Harbour,** die für die Strafgefangenen einst die Verkörperung der Hölle auf Erden war. Noch heute trägt die schmale Öffnung des fjordähnlichen Naturhafens zum Ozean den Namen, den ihr damals die Strafdeportierten gaben – **Hell's Gate** (Tor zur Hölle). Die halbtägigen Kreuzfahrten bieten aber nicht nur schaurige Historie, sondern auch grandiose Einblicke in den Regenwald mit seinen weltweit einmaligen, bis zu 2000 Jahre alten Huonkiefern.

Hobart, Constitution Dock

▲ Wo die Melburnians Erholung finden: Jedes Jahr besuchen rund 3,5 Millionen Menschen das Naturparadies **Phillip Island** 120 Kilometer südöstlich der zweitgrößten Stadt Australiens.

Daten und Fakten

Landesnatur
Der Inselkontinent erstreckt sich zwischen Pazifischem und Indischem Ozean. Australien ist ein Land der geografischen Superlative. Von Nord nach Süd dehnt es sich (mit Tasmanien) über knapp 3700 km aus. Seine West-Ost-Erstreckung beträgt rund 4000 km. Auf die Landkarte Europas projiziert reicht Australien von Madrid bis Moskau, von Island bis Istanbul. Die Küstenlinie beträgt 36 750 km. Flächenmäßig rangiert es unter allen Ländern an sechster Stelle.

Bevölkerung
In Australien leben rund 23 Mio. Menschen. Die Bevölkerungsdichte beträgt 2,9 Einw./km², wobei sich die Einwohnerzahlen sehr ungleichmäßig verteilen. 92 % der Australier leben in Orten mit mehr als 2000 Einwohnern, 70 % in den zehn größten Städten. Bevölkerungsreichster Staat ist New South Wales mit rund 7,5 Mio. Einwohnern.
Etwa 75 % der Australier sind britischer Abstammung. Rund 18 % stammen ursprünglich aus anderen europäischen Ländern und 5 % aus asiatischen und afrikanischen Staaten. Der Anteil der Aborigines beträgt ca. 2 %.

Politik und Verwaltung
Das Commonwealth of Australia ist eine parlamentarisch-demokratische Monarchie. Staatsoberhaupt ist der britische Monarch, vertreten durch einen von der australischen Regierung vorgeschlagenen Generalgouverneur. Die gesetzgebende Gewalt liegt beim australischen Bundesparlament mit Sitz in Canberra. Die einzelnen Gliedstaaten der Föderation besitzen eigene Verfassungen und unabhängige Staatsparlamente.

Wirtschaft und Tourismus
Australien ist ein rohstoffreiches Industrieland mit einem modernen Agrar- und Bergbausektor. Wichtigste Exportgüter sind Wolle, Weizen, Rind- und Kalbfleisch, Zucker, Steinkohle, Eisenerz und Bauxit. Ein bedeutender Devisenbringer ist der Tourismus.

Geschichte

Ab 50 000 v. Chr. Beginn der Einwanderung der ersten Ureinwohner über eine Landbrücke aus Südostasien.
1606 Der Niederländer Willem Jansz betritt auf der Cape York-Halbinsel als vermutlich erster Europäer australischen Boden.
28.4.1770 Der englische Weltumsegler James Cook geht in der heute zu Sydney gehörenden Botany Bay vor Anker. Wenig später nimmt er den Ostteil des Kontinents formell für die britische Krone in Besitz.
1786 Nach dem Verlust ihrer amerikanischen Kolonien gründet die britische Regierung an der Botany Bay eine Strafkolonie.
18.1.1788 Die von Kapitän Arthur Phillip kommandierte Erste Flotte erreicht mit ca. 1000 Siedlern, zumeist Strafdeportierten, Australien. An der Bucht Port Jackson wird die erste englische Niederlassung gegründet, das heutige Sydney.
1817 Der Kontinent erhält offiziell den Namen Australien.
1829 Freie Siedler gründen die erste Siedlung ohne Sträflinge in der Nähe des heutigen Perth. Großbritannien dehnt seinen Besitzanspruch auf den gesamten Kontinent aus.
1851 Beginn des Goldrausches in New South Wales und Victoria.
1854 Eine Rebellion der Goldgräber (Eureka Stockade) in Ballarat gegen ein Steuergesetz markiert den Beginn demokratischer Tendenzen in Australien.
1.1.1901 Proklamation des Commonwealth of Australia (Zusammenschluss der sechs australischen Kolonien zu einer unabhängigen Nation). Melbourne wird zur vorläufigen Hauptstadt bestimmt.
1902 Australien führt als zweites Land der Welt das Frauenwahlrecht ein.
1908 Canberra löst Melbourne als Hauptstadt von Australien ab.
1914 Nach dem Ausbruch des Ersten Weltkriegs entsenden Australien und Neuseeland über 500 000 Kriegsfreiwillige nach Europa.
1939–1942 Am 3.9.1939 tritt Australien in den Zweiten Weltkrieg ein. Mit der Bombardierung Darwins durch die Japaner am
19.2.1942 weitet sich der Krieg auf australisches Territorium aus.
1945–1965 Im umfassendsten Einwanderungsprogramm Australiens strömen ca. 3,5 Mio. Neubürger ins Land.
1949 Mit dem Wahlsieg von Robert Gordon Menzies beginnt die 23 Jahre dauernde Regierungsperiode der Konservativen.
1956 In Melbourne finden die XVI. Olympischen Sommerspiele statt.
1962 Wahlrecht für die Ureinwohner.
5.3.1983 Beginn der Amtsperiode von Labor Premier Bob Hawke.
26.10.1985 Rückgabe des Uluru (Ayers Rock) an die Aborigines.
1999 Bei einem Referendum votieren 55 % der Wähler für die Beibehaltung der konstitutionellen Monarchie und gegen die Gründung einer unabhängigen Republik.
2000 Die XXVII. Olympischen Sommerspiele finden in Sydney statt.
2008 Der Premierminister bittet in seiner »Sorry«-Rede die Aborigines offiziell um Entschuldigung.
2010 Mit Julia Gillard hat erstmals eine Frau das Amt des Premierministers inne.
2013 Die schlimmste Großbrände seit 50 Jahren wüten in New South Wales.
2015 Austragung des Cricket World Cup in Australien und Neuseeland.

Register

A
Adelaide 172
Alice Springs 176
Arglye Mine 136/137
Arnhem Land 116/117, 123 f., 127, 177
Atherton Tableland 175

B
Ballarat 172, 173, 181
Ballerat 52
Barossa Valley 56, 172
Bathurst 172
Bay of Fires 168/169
Bendigo 172
Bilung Pool River 132/133
Blue Mountains 21, 36, 37, 172
Bondi Beach 34/35, 174
Brisbane 86 ff., 175
Bronte Beach 174
Broome 178

C
Cairns 175
Canberra 38 ff., 173, 181
Canyon Cataract Gorge 179
Cape du Couedic 60
Cape Hillsborough National Park 82/83
Cape Tribulation 64/65
Cape York Peninsula 123
City of Gold Coast 175
Clovelly Beach 174
Coober Pedy 114, 176
Cooktown 74, 175
Coolangatta 175
Cradle Mountain 164, 167

D
Daintree Rainforest 72 f.
Darwin 177
Devils Marbles 100/101
Devonport 179
Dove Lake 164/165
Dunsborough 155

E
Echuca 173
Exmouth 178

F
Florence Falls 118/119
Fraser Island 84/85
Fremantle 178
Freycinet National Park 156/157

G
Geraldton 178
Ghan 96 f.
Gold Coast 11, 175
Grampians National Park 173
Grassy Hill 75
Great Barrier Reef 12/13, 19, 62/63, 76 ff., 175
Great Ocean Road 54/55
Gunbarrel Highway 141

H
Hobart 158/159, 179

K
Kakadu National Park 131, 177
Kalbarri National Park 178
Kalgoorlie-Boulder 178
Kangaroo Island 58 ff., 173
Karijini National Park 140, 178
Kata Tjuta 18, 104, 113, 176
Katherine 177

Kimberleys 123, 137, 142, 178
Kings Canyon 112, 176
Kosciusko National Park 43

L
Launceston 179
Litchfield National Park 118 ff., 177
Low Isles 175

M
MacDonnell Ranges 94/95, 176
Melbourne 44 ff., 173, 181. 183
Mount Field National Park 163
Mount Nelson 179
Mount Wellington 159, 179
Murray River 173

N
Nambung National Park 8/9, 150/151
Nandroya Falls 67 ff.
Nitmiluk National Park 128/129, 177
Noosa 175

P
Painted Desert 115
Palm Valley 176
Papunya 124
Perth 137, 152/153, 178
Phillip Island 174, 180
Pilbara 14/15, 137 ff.
Pinnacle Desert 8/9, 150/151
Port Arthur 160, 179
Port Douglas 175
Purnululu National Park 142/143, 178

R
Remarkable Rocks 60
Rottnest Island 178

S
Snowy Mountains 21, 42/43, 173
Southport 175
Sovereign Hill 53, 172
Stanley 179
Strahan 179
Stuart Highway 7, 117, 134 ff.
Styx Valley 162
Sugarloaf Rock 154/155
Sunshine Coast 175
Surfers Paradise 10/11, 92/93, 175
Sydney 2/3, 20 ff., 174, 181

T
Tasmanien 156 ff.
Tasman National Park 161
Territory Wildlife Park 177
Three Sisters 37, 172
Twelve Apostles 54/55

U
Ubirr Rock 123, 177
Uluru 102 ff., 176, 181
Uluru-Kata Tjuta National Park 101, 176

V
Valley of the Winds 105

W
Wentworth Falls 36
Whitsunday Islands 80/81

Y
Yuendumu 124

In der Millionenstadt **Melbourne** verbindet sich Aussie-Lebensfreude mit großem Sinn für Kultur und Ästhetik. Das zeigt auch die mit einem Design-Award ausgezeichnete Fuß- und Radfahrerbrücke, die hinüber zu den Docklands führt.

Impressum

Konzept, Gestaltung
Wessinger und Peng GmbH, Stuttgart/Zürich

Redaktion, Bildredaktion
Marlis von Hessert-Fraatz, Hamburg

Satz
Andreas Staiger, Stuttgart

Texte
Roland Dusik, Marlis von Hessert-Fraatz

Kartografie:
DuMont Reisekartografie, Fürstenfeldbruck

Prepress
PPP, Pre Print Partner GmbH & Co KG, Köln

Bildnachweis
Dumont Bildarchiv: S. 73, 174 u.; BA: S. 37, 48, 80/81, 90, 96, 122, 126, 127, 172 u.; Wiedmann: S. 60, 61, 105, 173; Leue: S. 72 (2x); Emmler: S. 103, 123, 176 u.
Getty Images / Fleetham: S. 79; Redinger-Libolt S. 177 M.
Glow Images / AFLO: S. 26/31; Probst: S. 76/77; White Star/Gumm: S. 106/111; Zwerger-Schoner: S. 97;
Huber Images / Huber: S. 54/55, 102; Roland: S. 58/59
iStockphoto / 4FR: S. 86/86; AusVideo: S. 167; Bell: S. 166 u.; bloodstone: S. 94/95, 176 o.; btrenkel: S.2/3; Carnemolla: S. 145, 158/159; CherryMnitan: S. 164/165; czardases: S. 74; duha127: S. 44/45; EdStock: S. 114 u.; Feder: S. 114 o., 130 o.; Field: S. 62/63, 175 o.; fotofritz16: S. 52; Goode: S. 56; Hanis: S. 6/7, 84/85; Hartley: S. 114; Hendriks: S. 131 o.; Hollitzer: S. 20/21, 172 o.; ikick: S. 171; IPGGutenbergUKLtd: S. 8/9; Kaplinski: S. 131 u.; Kokkai Ng: S. 34/35, 92/93; Liens: S. 180; Lorenz: S. 130 u.; Lovleah: S.x36; Morton: S. 154/155; O Cleirigh: S. 149; outcast85: S. 104; qldian: S. 78 (2x); Richter: S. 24, 166 o.; robynmac: S. 50/51; Saueracker: S.132/133; Shazzashaw: S. 175 u.; travellinglight: S. 135; tzozbgati: S. 89; urosr: S. 112; Winter: S. 142/143, 144; wosabi: S. 88; ZambeziShark: S. 32/33; zetter: S. 163; zstockphotos: S. 10/11
laif / Emmler: S. 113, 124; Fautre/Le Figaro Magazine: S. 116/117, 168/169, 177 o.; Hollandse Hoogte: S. 134, Jouan et Rius/Jacana: S. 14/15, 120/121; La-Roque: S. 46/47; Mauthe: S. 162; Oberholzer: S. 64/65, 75
Look / age fotostock: S. 18, 22; Auroro Photos: S. 23; Fuchs: S. 24, 53; Jaeger: S. 161; Johaentges: 136/137, 152/152, 178 o.; Leue: S. 176 M.; Zegers: S. 177 u.
Mauritius Images / age: S. 12/13, 148 o., 174 o., 175 M.; Alamy: S. 42/43, 66/71, 67-70, 107-110, 160; Axiom Photographic: S. 49 o., 49 u., 91; Carnemolla: S. 148 u.; imagebroker / Lenz: 138/138; imagebroker / Mahr: S. 100/101, 118/119, 128/129; imagebroker / Mayall: S. 150/151; imagebroker / Zwerger-Schoner: S. 140; Milse: S. 4/5, 61; photolibrary: S. 40, 41, 57, 141, 146/147, 179 u.; Photononstop: S. 82/83; Röder: S. 156/157, 178 u., 179 o.;
Schapowalow / Huber/SIME: S. 98/99
Visum / Wildlight: S. 125

Titelbild | Schutzumschlag
Vorderseite: Great Barrier Reef, AWL Images/ Travel Pix Collection
Rückseite: Uluru, Huber Images / Hans-Peter Huber

1. Auflage 2016
© DuMont Reiseverlag, Ostfildern
www.dumontreise.de

Alle Rechte vorbehalten.
Alle Angaben ohne Gewähr.

Printed in Spain

ISBN 978-3-7701-8899-4